불안장애를
극복한
호루 이야기

불안장애를 극복한 호루 이야기

발행일 초판 1쇄 발행 2023년 8월 5일 | **지은이** 박정혜 | **펴낸이** 최현선 | **펴낸곳** 리커버리 |
주소 경기도 시흥시 배곧4로 32-28, 206호 (그랜드프라자) | **전화** 070-7818-4108 |
이메일 recovery_a@daum.net

ISBN 979-11-982606-4-2(03180) | Copyright ⓒ박정혜, 2023

 회복을 위한 책의 모든 것, 리커버리

불안장애를
극복한
호루 이야기

불안할 때마다
손톱을 물어뜯던 호루에게
마음의 자유를 선물해 준
열두 번의 만남!

박정혜 지음

이 글에 나오는 인물들은 심상 시치료 프로그램에 직접 참여하였으며 본문의 내용은 사실에 근거하여 진솔하게 기록하였습니다. 참여자들의 동의를 얻어 책으로 엮었으며, 이름은 가명을 사용하였습니다. 참여자들을 보호하기 위해 개인적 상황은 다소 각색하였으나 모두 사실임을 밝힙니다.

추천사 하나

빛을 향해 걸어가는 마음여행

　마음속 내면의 빛을 찾은 치료사가 있습니다. 그 역시 과거 어둠의 시절에 갇혀 지낸 적이 있습니다. 어둠 속 두려움과 고통을 아프게 경험했기에 삶의 어둠에 갇혀 고통 받고 있는 사람들의 마음을 누구보다 잘 이해합니다. 그는 어둠 속 두려움에 갇히지 않았고 마침내 마음속 깊은 곳에 항상 빛나고 있었던 치유의 빛을 발견하였습니다. 기쁨과 감사와 감격의 순간이었겠지요. 시인과 소설가였고, 간호사와 문학치료학 박사였던 그는 '심상 시치료'라는 통합적 치료 방법을 창안하여 내면의 빛을 찾도록 도와주는 심상시치료사, 내면의 빛 탐색자요 안내자로서의 소명을 감당하고 있습니다.
　'호루 이야기'는 불안한 삶을 살며 늘 손톱을 물어뜯었던 호루가

불안장애를 극복한 호루 이야기

떠난 마음속 여행 기록입니다. 불안하고 늘 스트레스에 둘러쌓인 삶에서 의미 있고 생기 있는 삶을 향한 빛으로 안내한 이야기입니다. 호루의 마음여행은 값비싼 세계 일주 여행보다 훨씬 더 큰 행복과 즐거움, 삶의 의미와 가치를 선사했을 것입니다.

삶의 어둠에 갇혀계신 분들, 마음속 빛을 찾고 싶은 분들, 심리치료와 상담을 하고 계신 분들에게 적극 추천하고 싶은 책입니다. 마음여행 기록을 보는 분들도 호루와 같이 내면 깊이 감춰져 있는 빛을 찾는 기쁨과 평화를 누리시길 바랍니다.

김춘경(경북대학교 생활과학대학 학장 & 대한문학치료학회 학회장)

추천사 둘

내 마음의 빛을 찾아 가는 마음여행

인간의 마음은 우주와 같이 무궁합니다. 누구도 마음을 완벽하게 탐험할 수는 없습니다. 다만 짐작하고 더듬어갈 뿐입니다. 그렇지만 터널을 통과하면서 끝에 다다를 즈음 빛이 쏟아지는 것처럼 어느 순간 깨닫게 됩니다. 터널 안에서는 참으로 아득하기 이를 데가 없습니다. 그런 어둠을 헤치고 나갈 손을 내민 든든한 치료사가 있습니다. 그가 만든 '심상 시치료'라는 독특한 치료 방식으로 호루는 여행을 떠났습니다. 함께 걸음을 옮기던 호루는 마침내 하나의 터널을 통과했습니다. 이 책은 삶의 무수한 여행 중에서 특히 불안했던 삶의 경험을 담은 기록입니다. 삶의 의미를 발견하지 못한 채

불안장애를 극복한 호루 이야기

불안하고도 불안정한 일상을 살아야 했던 호루, 알 수 없는 이유로 늘 스트레스가 가득한 일상을 살아야만 했던 호루의 모습이 참 눈물겹습니다. 늘 힘들고 불안했던 마음 정중앙에 사실은 숨겨진 빛을 간직하고 있었다는 사실을 깨달은 후에야 호루는 비로소 삶을 긍정하기 시작합니다. 불안했던 삶에 봄바람 같은 자유를 얻게 된 호루의 이야기뿐만 아니라 훨씬 더 많은 부분에서 감동을 주는 책입니다. 그리하여 책에서 만나는 호루는 이 글을 읽는 분들의 또 다른 내면의 나일 수 있습니다. 진솔한 마음 여행기를 통해 미처 알지 못했던 내 마음도 함께 탐험하고 싶은 분한테 안성맞춤인 책입니다. 부디 불안하게 하루하루를 두려움 속에 사는 분이 계시다면 꼭 읽어 보시기를 권합니다. 더불어 전인격 치유에 대해 깊이 고민하는 상담사들에게도 반드시 읽어 볼 것을 권합니다. 자 그럼, 책장을 열고 마음 여행을 떠나볼까요?

천영훈 (인천 참사랑병원장, 정신건강의학과 전문의)

들어가는 글

사는 게 편하지 않습니다. 4차 산업혁명의 시대, 어디까지 바벨탑을 쌓아올릴지 모를 정도로 문명이 발달하고 있지만요. 편리한 세상이 편한 세상은 아닙니다. 그저 편하지 않을 뿐 아니라 불안하기 그지없습니다. 무엇이 불안한지 콕 집어서 말할 수 없을 정도로 모든 것이 불안합니다. 한 치 앞을 알 수 없는 것도 그렇지만, 무엇 하나 영원한 것이 없습니다. 언제 어떻게 바뀔지 종잡을 수도 없지요. 사물도 상황도 인간관계도 그렇습니다. 변화가 좋은 것이면 더할 나위 없겠지만, 아무리 좋은 쪽으로 돌려 생각해도 나쁜 쪽으로 가는 것만 같습니다. 평생 고정된 안정된 직장이 있고, 의식주가 해결되고, 주거환경이 안락하고, 빚이 없고, 건강하다면 불안하지 않을까요? 아주 평범한 삶을 살다가도 언제, 어디서, 어떤 일이 일어날지 도무지 알 수 없는 것이 삶입니다. 곳곳에 함정이 도사리고 있는 듯합니다. 올곧게 걸어가더라도 자칫하면 함정 속에 빠질지도 모를 일입니다. 보이스 피싱과 사행을 조작하는 사기와 각종 중독, 불특정한 이한테 가해지는 폭력이나 살인 등등의 사건들이 해를 거듭할수록 심해지고 있습니다. 이러니, 어디 편안하게 살아갈 수가 있겠습니까?

어차피 인간은 아무런 목적도 이유도 없이 그냥 던져진 존재라고 했던 독일의 철학자 마르틴 하이데거M. Heidegger의 말대로라면, 불안할 수밖에 없겠습니다. 이 근원적 불안을 잘 요리해서 적당하게 익혀서 먹으면 되지만, 너무 바짝 구워서 타거나 재가 된다면 망가질 수 있겠지요. 그걸 '심리적 방어기제'로 설명한 지그문트 프로이트Sigmund Freud의 이론을 보더라도 인간은 어쩔 수 없이 불안하기 마련입니다. 하이데거에 의하면, 인간이 세상에 내던져진 것에는 신의 섭리도 정해진 운명도 없습니다. 오로지 자신의 선택과 결단의 작용으로 살아갈 뿐이지요. 그러니 한 치 앞을 모르고, 한 발을 내딛는 자리가 낭떠러지인지 평지인지 미리 알 수도 없으니 불안할 수밖에 없다는 겁니다. 불안한 인간이 불안 속에서 허둥대는 것은 너무나 당연하니, 어쩔 수 없다고만 치부하면 될까요?

하이데거와 같은 시대의 철학자 카를 야스퍼스Karl Jaspers는 인간은 내던져진 존재가 아니라 의미를 찾아서 살아가는 지극히 능동적인 존재이고, 자유로서의 존재이기에 철학을 할 수 있다고 했습니다. 야스퍼스의 견해대로 보자면, 인간은 불안 속으로 잠식해서 불안을 뒤집어쓴 채 불안에 떨면서 비틀거리는 걸음을 옮기는 존재가 아닙니다. 주체적으로 삶을 결정해서 살아가지만, 인간의 한계를 절감하면서 절대자의 섭리를 수용하며 동시에 삶의 의미를 가지면서 발전할 수 있습니다. '언어는 존재의 집'이라고 했던 하이데거의 말대로라면, 불안한 인간이 불안의 집을 짓고 살아가겠지요. 언어가 없거나 언어로 표현할 수 없는 지극한 감정과 느낌이라면 어떨까요? 인간은 광활한 우주 속에서 우주와 하나가 될 수 있을지도 모릅니다. '피할 수 없는 것과 친해지면 행복도 피할 수 없게 된다'라고 했던 야스퍼스의 말대로 '극복'하며 앞으로 걸어가는 존재가 바로 인간입니다. 불안을 피하지 않고, 불안과 직면하며 걸어갈 때 마침내 불안으로부터 '자유'하고, 형언할 수 없을 정도로 가슴이 벅차오르는 '행복'의 순간을 맞이할 수 있습니다.

'호루 이야기'는 아주 오래된 불안에 관한 이야기입니다. 호되게 불안을 경험해서 삶의 의미를 잃을 정도였던 장년인 호루가 자신의 마음을 여행한 기록입니다. 불안이 신체까지 잠식해서 몸은 늘 긴장되어 있고, 조화가 깨져 있었지요. 몸 여기저기가 아프고 쑤시는가 하면, 만성피로에 시달리고 있었습니다. 하도 오래된 불안이라서 불안 척도를 검사해봐도 점수가 딱히 높게 나오지도 않았습니다. 호루가 스스로 감지하는 불안의 패턴은 '손톱 물어뜯기'였습니다.

불안장애를 극복한 호루 이야기

평생 손톱깎이가 필요 없을 만큼 손톱을 깨물곤 했지요. 수십 년 동안 해오던 습관을 하루아침에 없애는 게 어디 가당하기나 할까요? 호루가 심상 시치료 센터에 찾아온 목적은 그러했습니다. 손톱만 안 물어뜯어도 좋겠다는 거였지요 호루의 계절은 늘 혹독한 바람이 불어대는 겨울이었습니다. 두껍고 무거운 불안이라는 외투를 늘 걸치고 있었으니까요. 그 억센 외투를 휙 벗어 던지는 순간, 꽃향기를 머금은 봄바람이 불어왔고, 맑은 햇살 아래에서 호루의 열 손톱은 활짝 기지개를 켜기 시작했습니다.

특히 현대인들한테 너무나 익숙한 감정인 불안을 다스리는 방법을 알게 된 호루. 호루와 함께한 심상 시치료사는 호루가 만난 봄빛을 조곤조곤히 들려줄 겁니다. 안간힘을 써서 위험천만한 외줄을 타는 삶이 아니라 불안을 저글링하며 외줄 위에서 춤추는 호루의 사연을 듣다 보면, 당신은 피할 수 없는 '행복'을 만나게 될 겁니다.

2023년 7월
박정혜

목 차

프롤로그

자꾸만 불안한 호루

호루는 사이버 대학생이다. 내가 맡은 강의를 호루가 수강하는 바람에 알게 되었다. 그는 자신의 삶을 진솔하게 성찰한 리포트로 눈길을 끌었다. 사이버 상으로 쪽지를 보내 멋진 점수를 받게 된 것을 축하한다는 메시지를 전했다. 만점짜리 학생들한테 주는 긍정 피드백 기운이었다. 그 쪽지의 마지막에는 심상 시치료 센터로 놀러오라는 말을 적어놓았다. 대부분 의례적인 말로 여겼을 것이다. 그런데 호루는 달랐다. 쪽지에 있는 말대로 찾아온 것이다. 한 학기 수업을 막 마쳤을 때였다.

드디어 호루를 만났다. 큰 키의 건장한 체격의 호루가 넙죽 인사를 했다. 웃는 표정을 지었는데 희한하게도 찡그린 인상이었다. 대화를 나누는 동안 애쓰는 모습이었는데 그게 무엇이었는지 확실하지 않았다. 나중에 생각해보니, 굳은 인상을 풀려는 몸부림이었다. 그럴수록 긴장이 뒤범벅되어 불편해보였다. 그날 호루는 심상 시치료를 경험하고 싶다고 했다. 이유를 물으니 '불안발작증' 때문이라고 했다. 6개월쯤 전에도 그런 증상이 있었다고 했다. 너무나 불안해서 아무 것도 못하고 꼼짝없이 누워 있어야 하는 것, 바깥 출입도 하지 못할 지경인 것, 다니던 직장도 관둬야 하는 것이 바로 그 증상이라고 했다. 그러면서 자신의 손톱을 보여주었다. 손톱은 불규칙적으로 뜯겨져 있었다. 열 손톱이 전부 그랬다. 아주 오래된 버릇이라고 했다. 다섯 살적 빼고는 평생 손톱을 깎은 적이 없다고 했다. 하도 물어뜯어서 손톱이 길 틈이 없다는 거였다. 손톱 물어뜯는 증상만 고쳐도 좋겠다고 했다. 그러면 저절로 불안 발작증도 일어나지 않을 거라고 호루는 장담했다.

호루는 차로 왕복 4시간 남짓 떨어진 거리에 살고 있었다. 프로그램 참여를 위해 그 먼 거리를 오갈 수 있을까? 호루는 한치도 망설임 없이 고개를 끄덕였다. 사십 대를 바라보는 호루. 손톱을 물어뜯는 오래된 행동을 어떻게 하면 멈출 수 있을까? 습성으로 배여있다시피 한 '불안'을 어떻게 하면 극복하고 '발작'으로부터 해방될 수 있을까?

호루는 언제부터 그렇게 '불안'하게 되었을까? 불안의 진원지는 도대체 어디일까? 호루가 기억하는 한, 다섯 살 이후부터 손톱을 물어 뜯었다면 가정분위기가 큰 몫을 했을 것이다. 집안의 불안한 기운을 형성했던 것은 호루의 부모님이었을 것이다. 무슨 일이 어떻게 일어난 것일까? 이미 호루는 불안한 가정 환경에 대한 경험

불안장애를 극복한 호루 이야기

을 할 대로 다 했을 것이다. 그렇게 성격처럼 굳어진 '불안'을 이제
와서 어떻게 바로잡을 수 있을까?

심상 시치료를 반드시 경험하고 싶다는 호루의 치유의지로 인
해서 시작하게 되었다. 불안, 긴장, 스트레스가 악순환의 고리처럼
돌아갈 호루의 내면을 떠올리면서 프로그램을 기획했다. 매주 한
번, 두 시간씩 총 12회기의 심상 시치료 프로그램을 하기로 했다.
과연 호루는 평생을 해왔던 손톱을 물어뜯는 행동을 그만두게 될
까? 불안과는 거리가 먼 삶을 알게 되었을까? 환하고 포근한 웃음
을 가진 멋진 호루로 변신하게 될까? 호루의 꿈을 이루기 위해서
나는 마음의 무대를 준비했다. 무대 위에 올라갈 큰 용기를 낸 호
루에게 박수를 보내며 첫 회기를 기다렸다.

첫 번째 만남

불안 덩어리

호루는 자신을 '불안 덩어리'라고 표현했다. 불안하지 않을 때
조차 불안이 도사리고 있다고 했다. 프로그램을 기획하기 전, 초
기 상담 때 했던 '불안 척도 검사'에서 호루는 정상이었다. 불안 척
도 결과를 알려주었더니 호루는 이렇게 말했다.

"계획했던 게 어긋나면 분노가 치밀어 올라와요. 평소에 그렇
지는 않아요. 코로나로 인해 활동이 제한되어 있어서 요즘 또 슬며
시 그런 조짐이 보여요. 이런 느낌은 처음입니다. 차단된 느낌말이
에요."

이어서 호루는 이런 얘기를 꺼냈다.

"의사에 대한 불신이 생겼어요. 예전에 다녔던 병원에서는 선생
님이 짧게라도 핵심적인 것을 물어봐서 신뢰가 좀 있었거든요. 최
근에 그분이 은퇴해서 병원을 그만두게 되었어요. 그래서 제가 멘
붕이 되고 말았어요. 병원을 가야 하나, 말아야 하나 망설여지더

군요. 그러다가 이왕하는 것 큰 병원에 가야겠다고 생각했어요. 그곳에서 온갖 심리검사를 다 받았어요. 작년에요."

호루는 휴대폰에 저장된 진단서를 보여주었다. 'F412. 혼합형 불안 및 우울 장애'라고 적혀 있었다.

"그해 8월부터 11월까지 약을 먹었어요. 뭐, 딱 11월까지도 아니에요. 우울, 신경성, 불안발작 때문에요. 외주 일을 했는데 약 먹으면 판단력이 흐려지더라고요. 그래서 먹다가 안 먹다가 했어요. 그러다가 약을 먹지 않았어요. 일을 하다 보니까 회복되더라고요."

불면, 우울, 불안발작에 관한 증상이 어떻게 나타나는지 구체적으로 물어보았다.

"불면은요. 새벽 6시까지 안 잘 때도 있고요. 지쳐서 잠들면 3시간 정도 자기도 하고… 우울은 날씨에 따라 다른데요. 가을철 해질 무렵쯤 해서 기분이 다운 됩니다. 불안발작은 작년에 한 번 있었는데 회사에서 그랬어요. 기절하고 일어날 때처럼 힘이 빠진 느낌이어서 의자에 그냥 기대고 있었어요. 나중에 약을 받고 집에 왔는데 현관 앞에만 가도 가슴이 두근두근거리고… 그때는 설계 일을 하면서 돈 대주는 친구는 따로 있고, 기술 있는 친구와 동업을 했거든요. 1년 반 동안 다녔어요. 처음에는 일이 없어서 깡으로

불안장애를 극복한 호루 이야기

버티다가 나중에 일이 있어서 주도적으로 했어요. 그렇게 하다 보니까 친구들 사이에서도 갈등이 있더라고요. 그런데도 억지로 일해야 했어요. 다른 사람 일을 떠맡아서 해야 하는 것도 있어서 힘에 부쳤어요. 그랬더니 불안발작 전조증상이 나타나서 회사 대표한테 일을 그만둬야겠다고 했어요. 서로 조정해서 하던 프로젝트만 마저 하고 그만두는 것으로 했는데 일주일 뒤에 발작이 왔어요. 집에서 쉴 때는 좀 괜찮아요. 그런데 밖에 나가지를 못하는 거예요. 가슴이 너무나 두근거려서요. 극복하려고 현관 앞에 우두커니 앉아있곤 했어요. 회복하는데 한 달 반 정도 걸렸어요. 처음에는 조금씩 복도까지 가고. 그 다음은 엘리베이터 앞까지 가고 하면서 서서히요. 혼자 한 게 아니라 백수 친구가 있는데요. 한 달을 저와 같이 살면서 도와줬어요. 제가 와서 같이 있어 달라고 했거든요. 그렇게 친구가 곁에 있어주니 조금씩 극복이 되더라고요. 그 이후 외주 일에 열중하다 보니 괜찮아졌어요."

고개를 끄덕이며 경청했다. 많이 힘들었겠다고 하며, 의사에 대한 불신에 대해 좀 더 자세히 얘기해달라고 했다.

"의사가 건성으로 하는 것 같았어요. 심리치료를 하게 된 계기도 건강 전문가들, 의사를 못 믿어서요. 저는 불안 하나의 문제뿐만 아니고요. 내재된 문제들이 있어요. 스트레스, 불신, 가족에 대한 분노. 여러 가지 복합적이고 종합적인 것 같아요. 어머니가 저

불안 덩어리

한테 왔다갔다 하는 것도 있고. 어머니 댁에서 버스를 한번 타면 제가 사는 곳까지 오거든요. 제가 걱정되어서 와 있다고 하지만, 아버지와 사이가 안 좋아서 오는 거거든요. 그리고 저는 일을 할 때 효율을 따집니다. 내가 할 수 없는 일은 확실히 말하고, 할 수 있는 것은 끝까지 책임집니다. 내가 하는 것은 깔끔해요. 어떻게 보면, 자랑 같긴 한데… 다른 사람의 입장에서는 재수 없다고 생각 할 수도 있을 겁니다. 이러다 보니 부장, 사장님들은 좋아하는데 선임들은 싫어해요. 제가 주임이면 대리 이런 분들이 저를 부담스 러워해요. 부장, 사장님과 친하면 자신들 처지에서는 제가 부담스 러운 겁니다."

호루는 인상을 찌푸리며 말을 이어갔다. 회사 생활에서 스트 레스가 극심했으리라 짐작할 수 있었다. 그렇지만 호루도 아다시 피 그것만의 문제는 아니었다. 어디에서 불이 나서 불똥이 튄 것일 까? 정작 불이 난 곳은 따로 있을 게 뻔했다.

호루한테 A4 한 장을 건넸다. 거기에 집을 그려보자고 했다. 호 루는 한참 동안 망설였다. 5분 정도 지체한 뒤에 겨우 그림을 그렸 다.

"내가 원하는 집을 갖고 싶다고 생각한 적이 없었는데… 지금 제가 살고 있는 집 자체를 만족하고 있거든요. 그래서 지금 사는 집을 그렸어요. 20층인데 풍경 보고 조용히 살 수 있는 아파트입니다. 집 주위에 병원이 있어야 합니다. 이래저래 아파서요. 어릴 때부터 알레르기 때문에 30분 안에 주사를 맞아야 한다고 병원이 가까이 있어야 한다고 늘 생각해왔어요. 항생제 주사를 맞으면 나아지거든요. 그 심각한 알레르기는 수술하고 나아졌어요. 원인불명인데 알레르기성 비염이었거든요. 코뼈가 휘어져 있었어요. 선천적으로 그렇게 되었는데 일반인들 호흡량의 70% 기능이라고 했어요. 2년 전에 수술하고 이제는 괜찮아졌어요. 수술 전에는 아예 시골 자체를 못 갔어요. 병원이 없으니까 겁이 나서요. 집 근처에는 생활이 편할 수 있도록 편의점이 있어야 하고 병원이 있어야 하고 그래요. 드라마에서 저처럼 그런 사람이 나왔어요. 친구들이 그 주인공이 딱 너라고 하더군요."

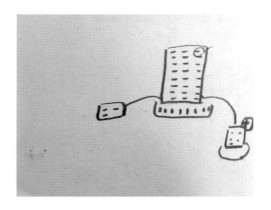

호루의 집 그림은 호루가 말한대로 '불안'을 반영하고 있다. 병

원과 편의점이 자신을 지탱하는 전부인 것처럼 보일 정도였다. 집은 아파트이고, 주위에 꼭 필요한 병원과 편의점 말고는 생략해 놓았다. 삭막하고 빈약해 보인다. 특히 아파트는 삭막하기 이를 데 없다. 20층의 오른쪽 편에 동그라미를 하고, 그곳이 자신의 집이라고 했다. 지금 살고 있는 집을 만족하고 있는 이유도 병원과 편의점 때문이리라. 실리적이긴 하지만, 메마르고 건조하다. 평온하고 아름다운 이미지는 찾아볼 수가 없다.

다음으로 나무 그림을 그리자고 했다. 호루는 처음 그림을 그릴 때처럼 지체하지는 않았다. 활발하게 색연필을 선택하면서 빨리 그려나갔다. 그다음 그림들도 마찬가지였다.

"그림은 2008년 이후 처음 그립니다. 이 나무는 오렌지 나무에

불안장애를 극복한 호루 이야기

요. 아래는 열매가 떨어져 모아놓은 거예요. 그리고 보니 통일성이 없군요. 줄기는 가을 같은데 잎사귀는 봄이고 주렁주렁 열매가 있고. 나무 안에서 계절이 뒤섞여 있군요. 별생각 없이 마구 그렸어요."

한 가지 색만 쓰던 앞의 '집 그림'하고 비교될 만큼 여러 색을 사용했다. 나무는 비교적 튼튼해 보이고 열매를 매달고 있다. 그렇지만 나무는 이미 많은 상처를 안고 있다. 나무 줄기에 난 여러 스크래치들이 그렇게 말해주고 있다. 게다가 열매도 달려 있는 것보다 떨어져 있는 것이 더 많다. 자존감을 상하게 할 정도의 상실과 패배의 기억들이 있었을 것이라고 짐작할 수 있다. 나무 오른쪽과 왼쪽에 꽃들이 모여있다. 같은 종류의 두 송이 꽃들이 나란히 심겨져 있다. 친밀하게 짝을 이루고 싶은 호루의 내면이 드러나 있다고 여겨질 수 있을 것이다.

다음으로 사람 그림을 그린 뒤 말을 이어갔다.

"나를 그렸어요. 별 느낌이나 생각 없이 그렸어요. 그려 놓고 보니까 잔뜩 긴장되어 있군요. 어깨가 올라가 있어요. 한쪽 주먹을 쥐고, 한쪽은 펴고. 뭔가를 경계하고 있어요. 어딘가 주시하는데 눈이 아래쪽을 보고 있어요. 재활 운동하고 있어요. 헬스장 운동할 때 제가 이러고 하거든요."

유독 신발만 빨갛게 색칠한 이유를 묻자 이렇게 말했다.

"검정만 있는 것이 싫어서요. 원래 그림을 그릴 때 생각하면서 비율 맞춰서 그려야지 했는데 너무 못 그렸구나 하는 생각이 듭니다."

화면에 꽉 차게 그린 자신의 모습. 호루의 말처럼 긴장하고 있다. 그리고 나서 운동을 하고 있는 자신을 연상했지만, 그림 속의 자신은 멈춰 서 있다. 얼굴의 왼쪽은 둥그스럼하지만 오른쪽은 울

불안장애를 극복한 호루 이야기

퉁불퉁하다. 둥글고 모난 양면성을 지닌 자신을 드러내고 있다. 둥그스럼한 쪽은 손을 편 채이지만. 모난 쪽에서 내려간 손은 무언가를 꽉 움켜쥐고 있다. 둥그스럼한 쪽의 다리 아래편은 마치 춤을 추려는 듯 리드미컬하다. 그 반대쪽은 딱딱하기 이를 데 없다. 유독 발을 빨갛게 칠해서 빨간색 신발을 신은 듯하다. 빨간색 칠도 둥그스럼한 쪽 얼굴에서 내려간 신발은 군데군데 여백이 있고 부드럽게 칠한 반면, 그 반대쪽은 진하게 같은 자리를 몇 번 문지르듯 색칠해져 있다. 특히, 빨간색은 검은색과 대비되어 두드러지게 보이며, 내재된 분노를 떠올리게 한다. 호루의 마음에 이러한 모순, 통합되지 않는 갈등, 일치되지 않는 혼란이 자리하고 있을지도 모른다.

이번에는 밤하늘의 바다를 그려보자고 했다. 그림을 그린 뒤 호루가 말했다.

"밤을 그리고 싶었는데, 완전 밤이 아니라 밝은 밤을 그렸어요. 달과 별과 은하수가 있어서요. 물결 색깔도 밝아요. 바다는 양이 적어요. 어릴 때 영향이 있을지 모르는데 어머니 고향이 바닷가여서 어렸을 때 거기서 지냈어요. 바닷가에서 놀 때 갯벌이 있었거든요… 그런데 부끄러워요. 이렇게 이상하게 그려서……."

나는 괜찮다고, 전혀 잘 그릴 필요가 없다고 말했다. 그리는 것

자체에 의미가 있다고 했다. 어릴 때 놀았던 갯벌을 떠올렸다고 했지만, 바다는 지나치게 메말라있다. 화면 가득 메운 갯벌은 텅 비어 보일 뿐이다. 모래를 나타낸 듯 몇몇 점들을 산만하게 찍었지만, 그곳에서 생명의 기운이 느껴지지 않는다. 별과 달은 화면 왼쪽에 치우쳐 있고, 밤을 나타내는 검은색은 산발적으로 색이 칠해져있다. 뾰족뾰족하게 날이 선 어둠이다. 단 두 줄로 나타낸 물결은 곧 고갈될 것처럼 절박하다.

호루한테 다음으로 '비 오는 날의 사람'을 그려보자고 했다. 그림을 그린 다음 호루는 이렇게 말했다.

불안장애를 극복한 호루 이야기

"사람은 저예요. 그냥 비를 맞고 싶어서 우산을 펴지 않고 있어요. 중간 정도의 비의 강도입니다. 어렸을 때 비를 맞으면서 뛰어다녔어요. 지금은 사람들이 대부분 맞고 돌아다니지 않잖아요. 그리다 보니까 여자 같군요. 비를 맞으며 장난치고 싶어요. 지금은 그러지 못하잖아요. 환경 오염도 있고, 나이도 들어서. 주변의 눈치도 있고. 비가 거세게 내렸으면 좋겠어요. 느낌은 나쁘지 않아요. 한번 흠뻑 젖고 싶어요. 그러면 기분이 좋을 것 같아요. 여기 우산으로 물웅덩이에 장난치고 있고, 발도 웅덩이 안에서 첨벙거리고 있어요."

비를 바라보는 자신을 그렸는데 호루의 얼굴에 눈, 코, 입은 없

불안 덩어리

다. 어깨를 목이 없을 정도로 잔뜩 올린, 너무나 긴장된 모습이다. 비가 쏟아지는데도 우산을 펼 마음이 없나 보다. 고스란히 비를 맞고 있다. 접은 우산 끝으로 빗물이 뚝뚝 떨어지고 있다. 비는 서 있는 호루의 발 밑에 고스란히 고여서 물 웅덩이를 만들고 있다. 거센 비를 맞으며 장난치고 싶은 마음은 그렇다 치고, 그림 속의 호루는 즐기지도 않고 있다. 온몸 가득 긴장한 채 스트레스에 속수무책 당하고만 있다. 도무지 피하려 들지도 않은 채 스트레스는 여러 번 과부하 되었을 것이다. 그러다가 그대로 웅덩이가 된 채 호루 곁에 머물러 있을 것이다.

이렇게 다섯 가지 그림을 그린 다음의 전체적인 느낌이 어떤지 물어 보았다.

"나를 그릴 때 좀 더 생각하고 그릴 걸… 전체적으로 보니까 차가운데 따뜻하려고 애쓴 느낌이에요. 그리고 전에는 좌절감이 있었는데 불안발작 이후 바뀌었어요. 하고 싶은 것을 하고 주변 눈치 보지 않고 나만 생각하자 그렇게요. 주변 배려하지 말자. 그래서 공부도 시작한 겁니다. 기존에 하던 일도 내 것이 아닌 느낌이들었어요. 내 성취가 아닌 느낌요. 쪼개 쓰면 버티고 있을 수도 있지만, 그만한 대가가 있을 거니까요. 이제까지 해오던 일은 내 것이 아닌 느낌이었어요. 이제 뭔가를 다시 해나갈 때라고 생각합니

불안장애를 극복한 호루 이야기

다."

다음으로 심상 시치료의 '마음의 준비'를 진행했다. 하기 전에 명상의 경험이 있는지 물어보았다.

"명상 경험은 제가 불교 고등학교를 나와서요. 일주일에 한 번 종교 수업을 받았는데 그때 해봤어요. 지금은 믿는 신앙이 없습니다. 예전에는 기독교를 믿었는데 사람한테 실망하고 말았어요. 어릴 때 독실하게 부모님 따라서 교회에 다녔거든요. 마을 전체가 교회 커뮤니티여서요. 아주 어렸을 때부터 교회 유치원을 나오고, 초등학교 5학년 때까지 다녔어요. 이후에 이사 가서 아파트에 살면서 개척 교회를 나갔는데 낯설고 강요당하면서 전도해야 하고, 기분이 안 좋았어요. 부모님도 나도 기분이 나빠서 교회를 안 갔어요. 결정적으로는 대학 때 설문지 작성을 하라고 하면서 제 신상을 요구했어요. 귀찮게 하더군요. 이단이면 말을 안 해요. CCC에서 한 거였어요. 그래서 화가 났어요."

'명상'에 대한 경험을 물었을 뿐인데, 호루는 종교까지 장황하게 늘어놓았다. 그러니까 고등학교 때 명상을 해본 적이 있었다는 거였다.

두 눈을 감고 복식호흡을 열 번 정도 행하면서 온몸을 이완하게 한 다음 '마음의 준비' 멘트를 들려주었다. '마음의 빛 여행'을

불안 덩어리

위한 시작을 하자고 했다. 먼저 마음의 집으로 가기 위해 마음의 문빗장을 풀고 문을 열어보자고 했다. 그리고는 들어가서 창문과 맞은편 창문을 활짝 열어보자고 했다. 그다음에는 집 밖으로 잠시 나와 집을 떠받치고 있는 주춧돌과 기둥이 커지는 것을 지켜보자고 했다. 그리고는 주춧돌과 기둥을 손으로 만져보자고 했다. 그런 다음에는 다시 안으로 들어와 이부자리에 누워 낮 하늘, 밤하늘을 보고 잠이 들자고 했다. 그런 다음에는 아침에 깨어나 집 밖으로 나와 쓰레기와 돌들을 치우는 나서 어떤 느낌인지 고스란히 느껴보자고 했다. 다음으로 충분히 복식호흡을 한 뒤 눈을 떠보자고 했다. 호루한테 눈을 뜬 다음, 체험한 것을 말해보자고 했다.

"빗장이 없었어요. 문을 열라고 시아님이 말하기 전부터 제가 먼저 활짝 열었어요. 전통대문이었는데 제 키보다 큰 나무문이었어요. 그렇지만 집은 대궐은 아니었어요. 1층 양옥집이고, 튼튼한 집이었어요. 사실, 시아님이 말하기 전에 제가 이미 집 안으로 들어가고 창문도 열고, 그렇게 했어요. 그러면서 시아님이 말이 들려와서 내가 했는데 다시 해야 하나? 이렇게 생각할 정도였어요. 그렇게 먼저 앞질러 갔어요. 창문은 제법 큰데, 한쪽은 문이랑 같이 쓰는 큰 창문이었고 맞은편에는 그 절반만 한 창문이었어요. 옛날에 80년대 미닫이 창문 같은 것요. 주춧돌과 기둥은 튼튼

했어요. 말하기 전에 먼저 단단한지 확인하려고 발로 기둥을 찼어요. 만져보니까 단단했어요. 기둥도 한 아름이고요."

호루는 양팔을 들어 둥글게 마주 잡고 앞으로 쭉 뻗었다. 아름드리 기둥이 연상되었다.

"천장에 창이 나 있었는데 펜션 같은 곳에 있는 창문이었어요. 큰 창문이 있었어요. 이렇게요."

호루는 옆에 있던 종이를 펼치더니 그림을 그렸다.

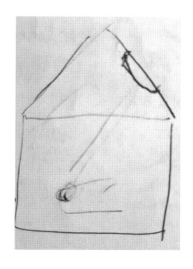

"이렇게 누워서 봤어요. 푸른 하늘은 없고 달부터 봤어요. 하늘이 까맣지는 않았어요. 달은 초승달. 환한 밤이었어요. 새벽에

불안 덩어리

해 뜨기 전, 막 뜨기 시작할 때 붉어지기 전의 파란 하늘요. 눈을 뜨고 있었어요. 그러다가 눈을 감았는데 자지는 않았어요. 일어나서 보니 쓰레기는 없었고, 돌이 있어서 치웠어요. 주변에 소소하게 있었어요. 주워서 옆으로 놓았어요. 흙, 모래가 있었는데 입으로 후~ 불었어요. 돌 크기는 자갈 정도이고, 큰 것은 주먹만 했어요. 돌들이 열여섯 개, 가볍게 치울 만큼 있었어요."

전체적인 느낌이 어땠는지 물어보았다.

"무난했어요. 현실에서는 지금 경험한 것처럼 상쾌하게 기상한 적이 거의 없어요. 그냥 편안하게 일어난 느낌 정도는 있었지만요."

심상 시치료 프로그램을 본격적으로 진행하기 전, 마음의 준비 운동 격으로 진행하는 것이 바로 '마음의 준비'다. 마음의 집으로 들어갈 수 있도록 마음의 문을 활짝 열도록 한다. 집 안에서는 창문을 열어서 정서를 환기하도록 한다. 마음의 집을 이루는 주춧돌과 기둥이 어떤 모습이든 간에 튼튼하고 단단하게 우뚝 설 수 있도록 이끈다. 집 안에서 부드러운 이부자리 위에서 올려다보면, 지붕으로 난 큰 창문을 통해 우주의 에너지와 소통할 수 있다. 그렇게 자연의 기운을 받으며 잠이 든다. 상쾌한 아침에 기상한 다음 집으로 오는 길을 스스로 치우고 깨끗하게 한다. 혹시라도 돌이나 쓰레기가 많으면, 마음의 근심과 걱정을 내려놓고 마음의 집 안으

불안장애를 극복한 호루 이야기

로 들어갈 수 있다는 것을 스스로 암시해 주게 된다.

호루가 겪은 '마음의 준비'과정을 통해 만난 '마음의 집'은 건강했다. 특히 마음의 문을 활짝 연 것은 좋은 조짐이었다. 호루가 생각하고 있는 것보다 훨씬 내면의 자신은 튼튼하고 건강하다고도 볼 수 있다. 호루는 자유분방하면서 간섭을 싫어하며 주체적으로 해내려는 성격을 지니고 있다는 것도 알 수 있었다. 그것이 상황과 잘 맞아떨어질 때 삶의 원동력이 되겠지만, 그 반대일 때는 엄청난 스트레스가 쌓일 수 있을 것이다. 상황에 쉽게 흔들리고 불안한 경우가 꽤 많았을 거라고 짐작이 갔다. 그렇지만 내면의 자신과 조화롭게 소통할 수 있다면, 문제가 되는 증상들은 점점 사라질 것이다.

얘기를 하면서도 도중도중 호루는 자꾸만 손톱을 물어뜯고 있었다. 호루한테 손톱을 보여달라고 했다. 주저하다가 마지못해 손을 내밀면서 말했다.

"물어뜯으니까 손톱을 안 깎아요. 심하게 물어뜯는 게 아니고 허옇게 보이면 자꾸 물어뜯어요. 불안하면 그렇거든요. 고쳐야겠다고 생각한 것은 대학 때부터였는데, 안 물어뜯은 적도 몇 번 있어요. 이틀 정도요. 저도 모르게 계속해져요. 피는 나지 않아요. 결정적일 때마다 내 문제였으면 내가 잘못일 텐데, 사실 외부적인

불안 덩어리

요인 때문이니까요. 뭔가 아직 준비 중인데 집안 불화 때문에 회사를 쉰 적도 있고요."

나는 이 프로그램의 목적은 외부가 아니라 내 안으로 들어가서 문제와 해결책을 찾는 것이고, 호루가 차츰 그렇게 해야 한다고 했다.

"외부요인이 왔을 때 충격을 덜 받고 계획했던 대로 나갔으면 좋겠어요. 환경적인 요인은 어쩔 수 없는 상황이긴 하지만요. 아직은 머리가… 생각이 별로 없어요."

인상을 찌푸리며 호루가 말했다. 불안할 것을 미리 불안해 하는 호루. 나는 혹시 여기 오기 전에 꾼 꿈이 있는지 물어보았다. 꿈은 내면을 드러내는 상징이기도 하지만, 때로는 꿈이 앞으로의 삶의 전개를 상징적으로 보여주기도 한다.

"학교 같은 곳에서요. 친구를 만났어요. 고등학교 때 친구인데 그 친구와 얘기하고 있었어요. 그걸로 졸업하려면 수십 년은 걸리는데 지금 하는 걸로는 2년만 하면 된다는 그런 얘기였어요. 한 번씩 이런 꿈을 꾸곤 해요. 학력 콤플렉스 같아요. 또 비슷한 것을 꿨구나 싶었어요."

호루가 사이버대학교 3학년에 편입한 것은 여러 이유가 있었겠지만, '대학 졸업자'라는 이력을 위한 것도 크게 작용했음을 알 수

불안장애를 극복한 호루 이야기

있다. 여러 번 꿈에서 나타난 장면을 또 최근에 꾼 것이다. 지금 호루한테는 불안을 극복하는 것도 대학을 졸업하고 직업을 갖는 것도 절실할 것이다.

이제 첫 회기를 마무리하면서 과제를 제시했다.

"하늘을 3분간 올려다보고 떠오르는 것을 한 줄 이상 적어오시면 됩니다. 하늘을 바라볼 때, 걸어가다가 혹은 누군가와 얘기하면서 하지 마시기 바랍니다. 어느 한군데에 머무른 채 침묵하면서 바라보시기 바랍니다. 이 세상에 하늘과 나만 있듯이 하늘과 시선을 3분 동안 마주해 보시기 바랍니다. 그렇게 했을 때 떠오른 느낌을 한 줄 이상만 적어오시면 됩니다."

호루는 알겠다며 고개를 끄덕였다. 첫 회기 참여 소감을 묻자 호루는 이렇게 말했다.

"아직은 잘 모르겠어요. 처음 하는 것이라서. 따라하기 급급한 것도 있었어요. 아까 말한 것처럼 제가 스스로 발로 기둥을 차기도 하고… 명상했을 때 들려주시는 말보다 더 빨리 제가 하고 있더라고요. 그게 신기해요."

나는 그림을 오랜만에 그려본 소감을 물었다.

"그림 거부감이 약간 있어서 못 그릴 것 같았는데, 오늘은 괜찮았어요. 아까 눈을 감고 떠올린 심상에서도 만화적 표현이 나왔는데요. 쓰레기와 돌을 치우는데 먼지 날리는 것이 공중으로 사선처럼 그어져서 뭉게구름 같은 것이 날아갔어요… 제가 좀 차갑습니다. 할머니가 돌아가셔도 산 사람이 살아야지, 그렇게 말해요. 그리고 뭔가 큰일이 일어나면, 그것부터 처리해 놓고 생각해 봐요. 별생각 없이 그렇게 하거든요. 그다음에 두고두고 생각이 나요. 일을 다 마친 뒤에 천천히, 자꾸만 미처 내가 하지 못했던 것을 생각하게 되는 성향이 있어요. 그래서 참여 소감도 그래요. 지금은 이렇게만 말했지만, 이제 운전해서 귀가하는 길에 뭔가 두고두고 생각이 날 것 같아요."

호루는 웃으면서 인사를 하고 센터 문을 나섰다. 호루가 오랫동안 가졌던 긴장과 위축 대신 이완과 평안이 깃들게 되기를, 그런 체험을 할 수 있기를 바라면서 나는 다음 회기를 기다렸다.

불안장애를 극복한 호루 이야기

두 번째 만남

갯벌이 가득한 바다

호루는 다소 피로해 보였다. 두 시간 동안 내처 운전했으니 그럴 만했다. 집에서 커피를 많이 마신다며 사양해서 녹차를 건넸다. 따뜻한 차를 마시며 잠시 한숨 돌렸다. 일주일 동안 어떻게 지냈는지 물어보자 호루는 별다른 것 없이 잘 지냈다고 했다. 과제 공책을 꺼내어 보여주었다. 쓴 글을 직접 읽어보라고 했다.

> 7월 15일 13시경 바라본 하늘은 장맛비가 그치고 흐린 구름 사이로 간간이 옅은 파랑색 하늘이 보인다. 때마침 선선한 바람이 불어오고 살갗에 닿는 적당한 습도와 온도가 저절로 낮잠을 부르고 머릿속 한편으로는 세탁기를 돌려야겠다는 생각이 들었다.

솔직하게 적은 글이었다. '세탁기' 부분에서 나도 모르게 웃음이 나왔다. 호루한테 하늘을 그저 관찰한 것보다 마음으로 끌어와서 느낌과 생각을 풍성하게 적으면 좋겠다고 했다. 호루는 쉽지 않다고 했다. 미술 대학에 진학해서 지금까지 그런 쪽으로만 몸담고 있어서 표현하는 것이 잘되지 않는다고 했다. 꾸며 쓰는 것과 진짜 느낌과 어떻게 해야 하는지 방향을 정하기가 어렵다고 했다. 그렇지만 쓰는 훈련은 되어 있다고 했다. 오래전부터 캐릭터, 만화 스토리 구성 등을 배워왔다고 했다. 호루는 만점 받기를 기대했는데 그 점수를 받지 못한 학생 같은 표정이었다. 뜻한 대로 잘 풀리지 않았다는 사실에 긴장하고 있는 듯도 했다. 나는 마음을 열고 당장 떠오르는 생각과 느낌을 고스란히 적으면 된다고 했다. 일부러 잘 적지 않아도 되고, 있는 그대로 솔직하게 적으면 된다고 했다. 예를 들면, '하늘'을 바라봤는데 갑자기 돌아가신 할머니가 떠오른다면, 할머니 생각이 난다고 적으면 된다고 일러주었다. 호루는 고개를 끄덕였다.

삶에 정답이 없듯 생각과 느낌도 그렇다. 다만 내가 가진 생각과 느낌에 자유롭게 날개를 달아줄 필요가 있다. 이러면 안되고, 저러면 안된다는 방어막을 걷어줄 이유는 있다. 인간은 억압으로부터 자유로울 수 없기에 마음을 닫고 만다. 고리타분하고 천편일률적인 생각만 표현하게 된다. 책임, 의무, 도덕에 짓눌려 버린 자유들은 응어리진 채 곪아있다. 헐어 있는 생채기를 그대로 봐주게 되면 억압의 쇠사슬이 느슨해진다. 아예 억압이 사라지게 할 수는 없지만, 그런대로 견딜 수 있게 된다. 그럴 때 숨쉴 수 있고 홀가

불안장애를 극복한 호루 이야기

분해진다. 날씨가 맑구나. 옷을 빨기 좋은 날씨야. 끝!이 아니라 다른 감정들이 생각의 파도에 실려 꿈틀거리고 올라올 것이다. 굳이 생각이나 느낌을 꼭 가지지 않아도 되지 않나 할지도 모른다. 맞다. 파란 하늘을 보면서 생각을 비우고 마음을 내려놓을 수도 있다. 그러면 이렇게 쓸 수 있을 것이다. '하늘이 너무나 푸르고 맑아서 나는 아무 생각을 할 수 없었다. 나와 하늘은 하나가 되었다.' 핵심은 에너지다. 프로그램 마지막에 늘 제시하는 모든 과제의 핵심은 '에너지의 긍정 변화'다. 자연에서 시작해서 인간인 나 자신한테, 나아가 내 주위에 에너지를 확산시키는 것이다. 긍정 에너지로 변화할 수 있도록 직접 한 노력과 실천들이 결국 프로그램을 마친 뒤에도 이어질 때 치유작용이 원활하게 일어날 것이다. 제시하는 과제들은 과제가 아닐 때에 이르러 혼자서 실행해야만 제대로 된 과제가 될 것이다.

호루한테 '첫 기억'에 대해 말해보자고 했다. 호루는 잠시 생각하더니 말문을 열었다.

"유치원 다닐 때인데, 여섯 살 때요. 여름방학 때, 큰이모 집에서 보낸 것이 생각납니다. 갯벌에서 게를 잡고 논 기억이 나요. 그곳에 한 달 있었어요. 제가 그곳이 좋아서 있겠다고 했거든요. 형, 이모, 당숙과 놀았어요. 형은 대학생이었지요. 일주일간은 좋았어

요. 그다음은 사실 감정이 왔다갔다 했어요. 엄마가 보고 싶어서
요. 그렇지만 그런 이야기는 안 했어요. 제가 한 달 있겠다고 했거
든요. 지금 생각해보면, 아주 나쁜 기억은 아니에요. 동죽을 잡아
서 혼자 놀았어요. 그래도 좋지 않았다면 내가 말했을 텐데 그러
지 않았으니 한 달 동안 있었겠지요. 좋았던 게 더 커요. 저번에
그림을 그렸을 때 갯벌을 크게 그렸잖아요."

　나는 저번 시간에 호루가 그린 유난히 갯벌이 가득한 바다를
떠올렸다. 여섯 살 때의 추억에 대해 얘기를 꺼낸 호루의 표정은
담담했다. 언뜻 봐서는 한달 동안 큰이모 집에서 잘 지냈고, 별 일
이 아니라고 여길 수 있을 것이다. 좀 더 자세히 들여다보면 여러
감정을 읽을 수 있다. 이모와 당숙과 함께 지냈던 여섯 살 꼬맹이.
이미 대학생인 사촌 형. 그렇게 지낸 날을 '놀았다'고 표현했다. 호
루는 엄마가 어린 자신을 맡긴 이유를 잘 모르겠다고 했다. 스스
로 한 달간 있겠다고 했다는 것이다. 그렇지만 여섯 살 아이는 외
로웠을 것이고 첫 일주일을 빼고는 슬프기도 했을 것이다. 호루는
동죽을 잡아서 '혼자 놀았어요'라고 표현했다. 그러면서 그래도 '아
주 나쁜 기억'은 아니라고 자신의 감정을 설득하고 있었다.

　엄마가 나를 큰이모 집에 맡겼어. 엄마가 한 달간 있겠냐고 했
을 때, 그러겠다고 했지. 일단 내가 있겠다고 한 이상 그곳에 있었
던 것에 대해 엄마를 탓할 수도 없어. 내가 정말 싫었다면 가겠다
고 했겠지. 왜 나를 떼 놓고 어디 가냐고 했겠지. 그러지 않았으니

불안장애를 극복한 호루 이야기

어쨌든 잘 지냈던 거야. 처음 일주일간은 재밌었어. 이모와 당숙과 형과 놀면 된다고 엄마가 말했으니까. 넓게 펼쳐진 갯벌도 멋졌지. 종일 걸어 다녀도 좋았어. 그런데 나중에는 다들 바빴어. 나와 놀아줄 시간이 없었어. 이모도 당숙도 형도. 나는 혼자 동죽을 잡고 놀았지. 엄마가 보고 싶었지만 울지는 않았어. 아니, 눈물을 흘려도 소용없을 거라는 것을 잘 알고 있었지. 엄마는 얌전히 재미있게 지내라고 했고, 나는 재미있다고 백 번도 더 넘게 마음속으로 외쳐대고 있었거든. 아주 나쁘지 않아. 정말 싫었더라면 엄마한테 가겠다고 떼를 썼겠지. 그냥 밥 먹고, 혼자 나가 놀고. 또 부르면 들어와서 밥 먹고, 자고 그랬어. 그뿐이야. 아주 나쁘지 않는 첫 기억.

호루의 이야기 속의 여섯 살 나는 외로워 보였다. 그렇지만 지금은 그런 말을 할 수 없었다. 다만 고개를 끄덕이며 들어주었다. 나는 오히려 호루가 스스로 생각하는 것보다 많이 건강한 편이라고 말해주었다. '불안'이라는 감정을 스스로 마음의 손아귀에 쥐고 놓지 않은 호루를 위해서 바로 곁에 있는 '평안'을 가리킬 필요가 있었다. 그렇게 하는 것은 거짓이 아니다. 이미 가지고 있지만 불안에만 집중하는 바람에 미처 보지 못한 것을 보게 하는 것이다. 첫 기억 속의 나는 마냥 즐거운 것이 아니었다. '아주 나쁘지 않은'이라는 감정으로 그 시절을 포장하고 싶어 하는 현재의 호루. 그

갯벌이 가득한 바다

포장지를 뜯어야 하지만 지금 당장 그렇게 하지는 않을 것이다. 일단, 말하게 해야 하기 때문이다. 호루가 자신의 첫 기억을 파헤치고 싶어하지 않는 이유는 무엇일까? 남김없이 까발리면 어떤 것이 탄로가 나게 되는 것일까? 도대체 호루의 엄마는 여섯 살밖에 되지 않은 호루를 왜 한 달 동안이나 맡겨야 했던 걸까? 또래 아이도 없는 너무나 한적한 그곳에서. 분명 심심하고 외로울 것을 알면서도. 어쩌면 호루는 '원망'을 하면 안 된다고 스스로를 설득했을지도 모른다. 그렇게 외롭게 울면서 있었던 것은 그곳에 있겠다고 한 자신의 말 때문이었다. 엄마는 아무 잘못도 없다!

 "제가요. 다른 것은 정상인데 자존감이 떨어져 있어요. 어찌 보면 겉으로 보기에는 정상이나 마찬가지입니다. 저는 부모님께 방어막으로 아프다는 걸 쓰고 있구나 싶어요. 부모님이 저한테 기대하는 게 있어서 아프다는 말을 하거든요. 올해 봄에 마음의 병이 깊어서 회복되는데 한 일 년쯤 걸릴지 모른다고 했어요. 제가 하는 불안발작을 다 본 상태라서 부모님도 제가 정상이라 생각하지 않거든요. 좀 강해졌다고 생각하지만 완벽하다고 생각하지 않습니다. 그렇지만, 아픈 상태에서 어느 정도 치유가 되었다고 생각해요."

 호루가 굳은 표정으로 말했다. 이 말 속에서도 혼돈스러운 감정이 들어있었다. 다른 것은 정상인데 다만 자존감이 떨어져서 문제라는 것이다. 자존감만 올라가면 모든 문제가 해결될 수 있을 거라는 생각을 갖고 있는 듯했다. 또 다른 면으로는 부모님이 자신한테 거는 기대가 너무 커서 일부러 정신적으로 아프다는 핑계를 대고 있다고 하는 것이다. 그렇지만 '부모님도 제가 정상이라 생각하지 않거든요'라고 하면서 앞말을 뒤엎고 있었다. 자존감이 떨어져 있는 것을 빼고는 다른 것은 정상이라는 것인데 부모님'도' 자신을 정상이라 생각하지 않는다는 것이다. 스스로'도' 자신이 정상이 아니라고 여기고 있다는 것을 내비치는 말이었다. 정상이지만, 정상이 아닌 것이 의미하는 바는 무엇일까. 호루가 말한대로 겉으로 보기에는 멀쩡하지만, 속은 아닌 것일까? 하지만 '어느 정도' '치유'가 일어났다는 것은 어떤 이유 때문일까?

나는 그렇게 치유가 된 비결이나 계기를 물어보았다. 뜻밖에도 호루는 이렇게 얘기했다.

"펭수로 인해서예요. 펭수는 자기가 하고 싶은 얘기를 하잖아요. 귀는 열려 있고, 사람들에게 어린이 같은 마음을 투영해요."
그렇다면 호루는 스스로 해낸 것이다. 펭수라는 캐릭터한테 마음을 보낸 것은 누가 시켜서가 아니었고 저절로 마음을 이입했던 게 아니냐고 했다. 그러니 호루가 원하는 방향은 '자기가 하고 싶은 얘기를 하는 것'일 것이다. 게다가 호루가 잘 모를 수 있지만, 호루는 내면이 강하고 심지가 깊다고 했다. 내 말에 호루는 이렇게 답했다.

"저도 최근에 알았어요. 제가 자아감과 자율성이 엄청 강하다는 것을요. 이번 4월에 성격 검사, MBTI를 하니 제가 중재형이 아니라 리더형이었어요. 예전에는 중재형이었는데요. 바뀌었더라고요."

펭수라니! 회기를 마치고 나중에 펭수를 검색해서 보게 되었다. 하고 싶은 말을 거리낌 없이 하는 펭수! 거침없이 할 말을 해대면서도 밉지 않은 펭수! 억압된 마음을 낱낱이 다 끄집어 내고 싶어하는 호루!

다음 순서로 심상 시치료 '가족 세우기'를 진행했다. 여러 크기의 종이 인형 중에서 현재의 가족 구성원을 선택해보자고 했다. 그렇게 선택한 종이 인형 뒷면에 누구를 떠올렸는지 써보도록 했다. 호루는 종이 인형 중에서 가장 키가 큰 인형을 선택해서 '엄마'라고 적었다. 그 인형은 다른 종이 인형에 비해 두 배나 키가 큰 것이다. 그다음 큰 인형에는 자신의 이름을 적고, 그것보다 약간 작은 인형에는 '아빠'라고 적었다. 제일 작은 인형에는 '누나'라고 적었다. 선택하고 정한 인형을 세워서 배치해보자고 했다. 가족 구성원 각자의 심리적 거리를 떠올려서 놓아보자고 했다. 호루는 제일 먼저 엄마를 놓고 누나와 나를 엄마 바로 앞에 놓았다. 아버지는 등을 지고 거리를 띄워 놓았다.

"엄마는 나와 누나를 보호하고 있어요. 아버지는 바깥에 있고요. 누나는 15년 전에 결혼했어요. 어렸을 때부터 계속해서 이런 분위기였어요. 아버지가 외부에서는 잘하는데요. 겉으로는 인간관계에 신경 쓰는데 가족한테 신경 쓰지 않아요. 안방의 호랑이 같아요. 바깥에는 갈등이 있으면 대항하는 것이 안 되는데 집에서는 그렇게 해요. 제가 대학교 2학년 때, 아빠가 지인이랑 주먹 다툼을 했거든요. 고소장을 작성하는데 비합리적인 일을 당했는데도 참고 넘기려고 하더군요. 유리한 입장에도 불구하고 말예요. 그때 그런 성향을 확실히 느꼈어요. 아빠는 한 달에 두 번 정도 봅니다. 아버지가 밥 먹자고 먼저 하거나 엄마 보러 집에 가서야 봅니다."

이렇게 배치한 채로 구성원들의 표정을 말해보자고 했다.

"아빠는 이마에 내 천 자가 있어요. 엄마는 지친 표정이고요. 누나와 나는 무서워해요. 아버지가 화를 내니까요. 시끄럽고 민감해서요. 욕설 고함을 지르곤 합니다. 술을 많이 마셔요, 쭉~ 계속해서. 취한 모습이에요. 좋았던 일이 없어요. 예전에는 아빠가 회사를 다녔는데, 3교대 근무였어요. 늘 퇴근하고 술 드시고 그랬어

갯벌이 가득한 바다

요. 야간 빼고는 노상 술을 마셨는데 거기에서 정년 퇴임했어요. 한 번씩 싸움을 하거나 일방적으로 자기주장만 하고… 지금은 경비 일하면서 술 마시고 하지만요. 예전에는 그 정도가 100이라면, 지금은 40정도입니다."

나는 월등하게 큰 인형으로 엄마를 선택한 이유를 물어보았다.

"엄마가 우리를 보호해줘야 하니까요. 예전에 제일 듣기 싫었던 말은 '내가 너희 때문에 산다'였어요. 엄마는 부업을 자주 했어요. 간혹 아빠한테 맞은 적도 있었어요. 제가 초등학교 저학년 때… 열한 살까지요. 그 이후로는 안 때리더군요. 언제나 앉아서 한소리를 또 하고, 논리적으로 맞지도 않은 소리를 하고… 아버지는 술을 너무 많이 드셨어요. 좋았던 일이 하나도 없어요. 엄마한테는 최근 5년 전 일인데요. 누나의 조카들을 엄마가 맡아 키우고 있었어요. 조카 문제로 얘기하다가 큰 싸움이 났어요. 아빠가 막무가내로 자기 말만 하다가 나한테까지 번졌어요. 어머니가 성질이 나서 경찰서에 신고했어요. 그러면서 엄마가 맞았어요."

이 이야기를 좀 더 꺼내야했지만, 그렇게 할 다른 기회가 있을 것이다. 나는 방금 호루가 언급한 중요한 일화를 짧게 기록해 놓았다. 이번에는 가족 구성원들의 시선을 말해보자고 했다.

"아빠는 바깥을 보고 있어요. 잘 모르겠지만 외부적인 평가, 인

불안장애를 극복한 호루 이야기

정을 받으려고 해요. 가족의 행복보다 말예요. 엄마는 우리를 보고 있어요. 누나는 자기 앞만, 나도. 아버지는 스트레스를 집에서 다 풀어요."

이제는 구성원들이 자주 쓰는 말을 해보자고 했다.

"아빠는 필요한 말 이외에는 아예 터놓고 말한 적이 없어요. 내가 나간 이유가 아버지 꼴 보기 싫어서예요. 아빠는 계속 말끝마다 '모지리'라고 해요. 전라도 사투리로 '바보'를 말해요. 엄마와 누나는 '참아라!'라고 하고요. 나는 못 참겠다고 속으로 말하지만, 겉으로는 말하지 않아요."

이제는 가족에 대한 느낌을 물어보았다.

"행복하지 않아요. 집에 있기 싫어요. 그래서 실제로 대학 다닐 때, 집에 잘 들어가지 않았어요. 그냥 사는 거죠. 아버지는 바뀌지 않아요. 어떻게 하든 바뀌지 않아요."

다음으로는 원하는 가족 구성원을 배치해보자고 해다. 호루는 생각해보지 않아서 잘 모르겠다고 했다. 찬찬히 떠올리면서 해보라고 설득했다. 잠시 머뭇거리다가 호루는 온 가족이 둥글게 모여서 손을 잡고 있는 모습으로 배치했다. 표정과 시선을 물어보았다.

"아빠는 그냥 평범한 표정, 엄마는 웃고 있어요. 누나와 나는

갯벌이 가득한 바다

평범한 표정이에요. 아빠는 우리 세 명을 다 보고 있어요. 엄마도요. 누나는 엄마를 보고 있고, 나는 아버지를 보고 있어요."

이번에는 느낌을 물어보았다.

"이렇게 다 웃고 있지는 않더라도 이런 상태가 되기만 해도 좋겠어요. 아무리 봐도 좋을 것 없이 살았어요."

나는 인형을 처음의 배치대로 돌려놓았다. 호루는 한숨을 내쉬면서 말했다.

"이러기 싫어서 한숨이 나와요. 꼴 보기 싫어요. 사실은 지금, 이 모습이 현실과 비슷해요. 최소한 긴장감만 없어도 좋겠어요. 최근에는 어머니랑 얘기를 많이 나눠요. 나는 어머니를 봐요. 아버지는 힐끔힐끔만 보고. 한편으로는 측은한 마음도 있어요. 근면하고 성실한 것은 인정하는데, 아빠의 장점은 그것밖에 없어요. 일부 친구들이 아버지가 술 마시고 두드려 부수는 것은 아니잖아! 그런 말을 하면 더 짜증이 나요. 그들은 안 겪어봐서 몰라요. 아버지한테 할 말을 많이 했어요. 많이 싸웠어요. 커 보니까 알잖아요. 최대한 안 보는 게 나아요. 물과 기름 같은 존재예요. 점점 분석되는데……"

나는 아버지를 만나자고 했다. 눈을 감고 열 번 정도 복식호흡을 해서 온몸을 이완하게 했다. 잠시 후 눈을 뜨면 맞은편에 아버지가 앉아있을 거라고 했다. 하나, 둘, 셋! 눈을 뜨라고 했다.

"아버지는 65세입니다. 이마를 찡그리고 있어요. 시선은 아래로 깔아 내리고."

아버지한테 하고 싶은 말을 해보자고 했다.

"하고 싶은 말 없는데요."

그렇더라고 해보자고 하니, 호루는 한동안 가만히 침묵을 지키면서 앉아있었다. 이윽고 이렇게 말하기 시작했다.

"말하기 싫어요. 어차피 말해도 안 들을 거잖아. 터지기 직전이에요."

호루한테 아버지 자리로 앉아보자고 했다. 그 자리에 앉으면 아버지가 된다고 했다. 아버지가 된 호루가 말했다.

"키워났더니 저따위로 행동하네."

다시 호루를 원래 자신의 자리로 앉게 했다. 자신이 된 상태에서 말하게 했다.

"집으로 갈 거예요. 아빠. 남 말 듣지 말고 가족 말도 좀 들어. 최소한 엄마 말이라도 좀 들어. 엄마 말 안 들어서 손해 본 게 얼마나 많은데. 돈 쓰고 욕 얻어먹고 왜 그러는데!"

호루를 다시 아버지 자리로 가게 했다. 이번에는 내가 호루의 자리에 앉아서 호루가 방금 했던 말을 그대로 따라 했다. 호루의 아버지가 된 호루가 말했다.

"미안하다. 이제 말 잘 들을게. 와서 얼굴도 좀 보여다오. 그냥 가지 말고."

이번에는 내가 아버지 자리에 앉아서 호루의 아버지가 되었다. 호루는 다시 호루 자리에 가게 했다. 나는 방금 호루가 했던 말을 다시 반복해서 말했다. 이 말에 호루가 답했다.

"아버지, 제발 제 얘기, 엄마 얘기 좀 귀담아들으세요. 저도 남들처럼 존경할 수 있는 아버지를 갖고 싶어요. 아버지는 도대체 왜 말을 안 들어요?"

나는 호루한테 일어났다. 호루한테 종이로 된 방망이, 바타카를 쥐어주었다. 아버지가 앉은 의자를 바타카로 내리치라고 했다. 고함을 지르면서 화가 나는 만큼 내리치라고 했다.

"제가 어떻게 아버지를 내려쳐요? 불효인데?"

나는 지금, 이 순간에는 내리치는 것이 불효가 아니라고 했다. 그렇게 하도록 권유하자, 호루는 의자를 발로 차고 의자를 부술

듯이 달려들었다. 나는 제지하고, 고함을 지르면서 오로지 바타카로만 치자고 말했다. "야! 야! 야!" 그렇게 호루는 고함을 치면서 벌게진 얼굴로 땀까지 흘리면서 의자를 내려쳤다. 온몸의 힘이 빠져나갈 때까지 한동안 행위가 이어졌다. 그렇게 표출하도록 하고 지켜보고 있었다. 어느 정도 발산이 되었다고 느껴졌을 때 호루한테 멈추라고 했다. 그리고 방금 한 행위에 대한 느낌을 물어보았다.

"안 좋아요. 그냥 기분 나쁜 게 아니라 측은하고 복합적이고 너무나 부정적 마음이 커요. 지금 아버지는 고개를 푹 숙이고 있어요."

이제 아버지를 보내줘도 되겠냐고 하니 호루는 고개를 끄덕였다. 나는 치료실 문을 열면서 아버지가 나갔다고 말했다. 다시 문을 닫고, 아버지가 떠난 자리에 내가 앉았다.

"이제까지 얘기해봤자 벽이었으니까요. 입만 있고 귀가 없는 사람처럼. 지금, 제가 발로도 차고 그랬잖아요. 나도 모르게. 아버지처럼요."

호루한테 그런 아버지를 닮은 것과 영향력을 말해보자고 했다.

"영향력은 20%, 닮은 것은 51%. 성실함, 꾸준함을 닮고 싶어요."

갯벌이 가득한 바다

아버지로 인한 가정 분위기, 그 환경에 의해 지금까지 영향을 받은 것을 총체적으로 파악해서 영향력을 판단해 보자고 했다.

"그럼, 100%입니다. 내가 술을 안 마시는 이유가 그거예요. 아버지가 술을 마시니까요. 저는 늘 아버지가 한 반대로 하려고 했어요. 하나 더 말하자면 예전에 누나가 사고를 많이 쳤어요. 집안의 트러블이었지요. 학창시절에는 삐삐 산다든지 했고, 대학교 때는 다단계에 빠져 있었어요. 결혼도 속도위반이었고요. 그렇다고 잘 사는 것도 아니고요. 조카들은 귀여워요. 누나와 저는 네 살 차이입니다. 아버지한테 도피하려고 결혼하더니 제대로 되지도 않았어요. 매형도 시원치 않고. 입에 풀칠할 정도고요. 솔직히 조카들은 귀여워요. 엄마랑 조카 빼고는 다 보기 싫어요. 5년 전에도 누나네 때문에 싸움이 시작된 거였어요. 작은 조카를 집에서 키울 때였는데. 작은 조카가 일곱 살 때요. 누나는 일을 하거든요. 그래서 엄마가 키우고 돌봐줄 때가 많아요. 둘째 아이 성향이 남달라요. 아버지는 술 마시면 제어가 안 되는데 조카 둘 다 남자아이에요. 원인은 꼭 아버지만 있는 게 아니라 누나에 대한 분노가 커요. 둘째 조카가 말대꾸를 잘해요. 그러다 보니까 아버지가 엄청 폭력을 행사하려고 해서 엄마가 경찰에 신고했어요. 지금, 가족들은 흐리고 번개 치는 정도. 비까지는 아니에요. 아버지가 뭔가 엄청나게 부수는 것은 아니니까요. 지금은 비는 소강상태고요. 이런 상황들

62

이 아주 가끔, 몇 년에 한 번씩 일어나곤 했어요."

나는 호루에게 지금, 현재의 느낌을 물어보았다.

"공허해요. 애증이 같이 있어서요. 화내고 기뻐해도 이상해요. 그래도 아버지는 제가 집을 나온 5년 전부터 많이 누그러졌어요. 아버지는 제가 집에 있기를 바라셨어요. 그래서 그냥 있어라고 했는데도 제가 나갔어요. 제가 아까 방어기제가 나왔지요?"

치료사는 괜찮다고 말하며 방어기제는 당연하고 자연스럽게 나올 수 있으니 신경 쓰지 않아도 된다고 했다. 조금 전, 화의 몇 퍼센트를 표출했는지 물어보았다. 호루는 40%라고 했다. 아직 표출하지 않은 화들이 절반도 더 넘게 있는 셈이다. 이 화들은 한꺼번에 다 100% 표출한다고 사라지는 것도 아니다. 화가 나왔다면, 다른 감정들도 나오게 해야한다. 감정을 진열해 놓고 그 감정을 스스로 쓰다듬어줄 필요도 있다. 그런 다음 긍정 감정을 스스로 선택하는 순간도 올 것이다.

다음으로 준비한 심상 시치료는 '절' 기법이었다. 절을 해본 경험을 물어보았다.

"세배요. 할아버지, 할머니한테 했어요. 두 분 다 돌아가셨어요. 산소에 가거나 장례식장에서 절하기도 하고요. 최근에는 산소에서 절을 했어요. 올 해 2월에요. 원래 절할 때도 산소에 손을 얹고 잘 계시냐고 하고 손자 왔습니다, 그러고 절하고 갈 때도 그렇게 합니다. 명절 전에 어머니랑 조카들과 같이 산소에 갔어요."

아버지와 누나는 가지 않냐고 물었다.

"명절 전에 우리가 가니까요. 다들 일을 하니까 못 가지요."

호루가 '우리'라고 하는 것은 자신과 어머니를 가리키는 말이었다. 그렇게 한 묶음 속에 어머니와 자신을 놓아둔 것은 언제부터였을까? 아마도 아주 어릴 때부터였으리라.

나는 절을 할 때 어떤 생각을 하는지 물어보았다. 호루는 아무 생각이 없다고 답했다. 세배할 때는 세뱃돈 얻는다는 생각을 한다고 했다. 평상시에 아버지와 누나보다 조카들과 엄마와 잘 지내고 있는 게 맞는지 다시 물어보았다. 호루는 맞다고 말했다. 호루는 어제도 작은 조카가 와서 이틀 내내 같이 있었다고 했다. 엄마랑 같이 키워서 정이 많이 들었다고 했다. 나는 그동안 호루를 지배하고 있던 감정이 어떤 상태인지 말해보자고 했다.

"럭비공요. 가만히 있으면 모르겠는데요. 형태는 확실한데, 어디로 튈지 몰라요. 제 목표는 세우고 돌파하는 것이 아니라 충격이 덜하게 되는 것, 덜 떨어지게 하는 것이에요. 돌파하는 게 아니라 떨어지지 말자 그런 거에요. 그리고 아빠는 꼴 보기 싫어요. 그

불안장애를 극복한 호루 이야기

래서 아빠가 하는 반대로 살고 있어요."

정면을 돌파하는 것이 아니라 다만 충격이 덜하게 되는 쪽으로 덜 떨어지게 하는 것으로 목표를 세운다는 호루. 불안발작도 그럴 것이다. 그 바닥을 이미 경험했으니, 제발 부디 그 발작의 상태로는 떨어지지 말자! 스스로 숱하게 다짐했을 것이다.

이번에는 절을 할 대상을 떠올려보자고 했다. 호루는 사람이 아니어도 되는지 물어보았다. 나는 고개를 끄덕였다. 다음으로 눈을 감고 복식호흡을 하게 했다. 온몸을 이완한 채 다음의 심상 시 치료 멘트를 들려주었다.

> 나는 지금 절을 하려고 합니다. 내가 절을 하고 싶은 대
> 상은 떠올려 봅시다. 그 대상이 바로 앞에 앉아 있습니
> 다. 나는 가까이 다가가서 예의를 갖춥니다. 천천히 다
> 가가서 고개를 숙이면서 온 몸을 낮추며 절을 합니다. …
> 그 대상은 지금 어떤 표정을 짓고 있습니다. 어떤 표정
> 을 짓고 있는지 바라보시기 바랍니다. 이 존재가 나한테
> 말을 걸고 있습니다. 그러면서 자연스럽게 대화를 나누
> 고 있습니다. 어떤 대화를 나누고 있는지 그대로 지켜보
> 시기 바랍니다. … … 이제 작별 인사를 합니다. 한번 더
> 고개를 숙이고 온몸을 낮춰서 작별 인사로 절을 하시기
> 바랍니다. … 지금, 현재의 느낌을 그대로 간직한 채 세

번을 세면 현재로 돌아오면 됩니다. 하나, 둘, 셋!

눈을 뜬 호루한테 경험한 것을 말해보자고 했다. 혹시 아무 것
도 떠오르지 않았다면 그래도 괜찮다고 했다.

"태양을 떠올렸어요. 태양이 웃고 있어요. 절은 세 번 했는데
따뜻한 느낌이었어요. 대화는 하지 않았어요. 태양이 불길을 줬어
요. 불길을 손으로 받았어요. 손으로 보니 작은 태양처럼 보이기
도 하고요. 심장에 넣었어요. 태양은 계속 웃고 있었어요. 제가 가
겠다고 하니까 태양이 못 가게 했어요. 절은 더 이상 하지 못하게
했어요. 말은 하지 않고 손으로 제 어깨를 잡았어요. 기분이 좋았
어요. 이제까지 에너지가 없었는데 그 기운을 받는 듯한 느낌이에
요. 내가 제일 필요한 느낌요."

호루는 늘 긴장하며 바짝 오그린 채였는데 지금 얼굴 근육이
풀린다고 했다. 스트레스가 누그러지는 느낌도 든다고 했다. 신체
반응으로 바로 느낄 수 있다고 했다. 나는 태양은 '아버지'를 상징
하며, 호루의 마음 깊은 곳에서는 아버지와 교류하고 싶은 심정을
가지고 있다는 것을 알 수 있다고 했다. 그리고 태생에 대한 귀한
마음을 가지면 거기에서 치유가 일어날 것이라고 했다. 그 마음은
부모님에 대한 부정에서 긍정으로 가는 변화를 의미한다고 했다.
묵묵히 듣고 있던 호루가 이렇게 말했다.

불안장애를 극복한 호루 이야기

"최근 일주일 동안 생각해봤어요. 제 삶이 잘 안 되었던 게 아니었고요. 그동안 하고자 하는 일에 큰 실패는 없었던 것 같아요. 이번에 제가 준비하는 자격증 시험도 코로나 때문에 뒤로 미뤄졌어요. 빨리 치면 안 되었을 텐데, 시험이 미뤄져서 오히려 잘되었다 싶어요. 그동안 몸담았던 미술을 그만두고 새로 공부했던 설계에서도 합격했을 때도 있었고요. 조금 전에 태양을 떠올렸을 때, 제가 불길을 넣은 기억보다 태양이 어깨를 잡은 느낌이 크게 남습니다. 설명은 못 하겠는데… 그게 부각이 됩니다."

그토록 아버지에 대한 부정적 감정을 실컷 토로했던 호루. 그렇지만 '태양'을 떠올렸다. 태양은 우주의 양적인 에너지를 뜻하고, 이는 강한 남성성을 상징한다. 호루가 꺼냈던 맥락을 따라 살펴보면 태양은 아버지다. 눈을 감은 상태에서 마음의 눈으로 아버지를 만난 것이다. 그 아버지는 호루한테 에너지를 불어넣어 주고 친구처럼 다정하게 웃었다. 겉으로 표현하는 것과 상반된 내면의 이미지에 대해 이렇게 설명했을 때 호루는 거부하지 않았다. 그것만으로도 놀라운 변화였다.

다음 시간까지 해올 마음의 빛 과제를 제시했다.

땅을 3분간 바라보고 떠오르는 것을 한 줄 이상 적어오기. 이 세상에 땅과 나만 존재한다고 여길 정도로 말하지 않고 땅과 교감

갯벌이 가득한 바다

하고 나서 적어오면 된다고 했다. 호루는 미소를 머금으며 알겠다
고 했다.

불안장애를 극복한 호루 이야기

세 번째 만남

중간에서 굴러떨어진 것

"지인들과 신안 퍼플섬에 다녀왔어요."

한숨 돌린 호루가 녹차를 마시면서 말했다.

"돌아올 때 비가 왕창 와서 국도를 가다가 헤맸어요. 어디로 가야 할지 몰라서 가다가 섰어요. 가다 보니 비가 갑자기 그쳤어요. 보통 때라면 제 차가 섰을 때, 다른 차들이 빵빵거렸을 텐데 천천히 피해서 가는 걸 보고 인생을 떠올렸어요. 나만 아니라 다들 비상 깜빡이를 켜고 조급해하지 않고 가는구나, 그렇게 생각했어요. 국도를 가다 보니 물방울이 휘날리니까 세차하는 느낌이었는데 나주쯤에서 비가 그치더군요. 차 앞만 깨끗하고 뒤는 물이 튀어 더러워졌어요. 내 생각대로 되는 게 아니구나 하는 생각을 했어요. 그래도 헤매다 보니까 국도를 익혔다는 생각도 들었어요. 그렇게 지내다가 사흘 뒤에 열 받았어요. 제가 사는 지역에 코로나 환자가 줄어들었다가 다시 늘었다가 줄어들었거든요. 감염자 동선을 보니까 증상이 있는데 목욕탕을 갔더군요. 열 받다가 식혔어요.

71

미워할 사람은 미워하자, 다 포용할 필요가 없다고 생각했어요."

호루는 민감하고 예민했다. 뉴스 하나에도 열을 받을 정도였
다. 일상에서 사소한 것 하나에도 의미를 부여했다. 그렇지만 놀랍
게도 긍정 의미를 찾아내고 있었다. 국도를 헤매고 가다가 섰지만,
다른 차들이 돌아가는 걸 보고 때로는 조급하지 말고 천천히 가
야하겠다는 것을 깨닫게 되었다. 반면, 코로나 환자 뉴스를 접하
고 열 받았지만, 미워할 사람은 미워하자고, 모든 이들을 전부 포
용할 필요가 없다고 생각했다는 것은 내면의 어떤 모습일까? 아마
도 이유있는 분노라면, 그 분노를 스스로 억압하지 말자고 여기고
있는 듯했다. 그런 호루의 마음을 있는 그대로 받아들이며 경청했
다. 호루는 과제 공책을 내밀었다.

> 장맛비가 막 그친 신안의 갯벌을 바라보았다. 습기의 꿉
> 꿉함과 내 체온으로 불쾌지수는 높았지만, 나를 향해 불
> 어온 바람은 잠시나마 청량함을 교차해 주었다. 나에게
> 갯벌이란 삶 속에서 부정적인 것보다 즐거움이나 기쁨의
> 상태에서 그 장소에서 존재했었다. 어렸을 때 여름 바캉
> 스를 가거나 어른이 되어 스트레스를 해소할 때, 아니면
> 허해진 몸을 보신하러 장어구이를 먹으러 갈 때 등등 갯
> 벌은 삶의 활력을 충전하는 곳이다. 갯벌의 깊숙한 곳 어
> 민의 삶의 터전 안까지 들어가 본 것은 매우 오래전 일

불안장애를 극복한 호루 이야기

인 것 같다. 방파제에 앉아 뻘에서 나는 톡톡 소리는 이런 곳이 아니면 듣기 힘들다. 고양이의 골골송 같은 편안한 톡톡 소리는 어렸을 때 갯벌에서 진흙을 뒤집어쓰고 한참을 논 후 소나무 그늘에 누워 낮잠이 들었던 유년 시절 한 줄을 떠올리게 되었다.

호루는 이렇게 덧붙였다.

"갯벌은 해소, 보충하러 가는 것이라서요. 1년에 대 여섯 번 정도 갑니다. 특히 동호 해수욕장에요. 톡톡 소리는 고양이의 골골송 같았는데, 고양이가 편안할 때 내는 소리라고 알고 있어요."

모처럼 간 신안에서 갯벌에 대한 좋은 기억, 추억으로 연결지어 적은 글이었다. '땅'의 에너지를 '갯벌'로 확장시켜 적어온 과제였다. 첫 기억 속, 여섯 살 때 유일하게 친구가 되어 위로를 해줬던 대상이 갯벌이었지도 모른다.

다음으로 심상 시치료 첫 번째 순서를 행했다. 종이를 반으로 접어서 왼쪽에는 싫어하는 글자, 오른쪽에는 좋아하는 글자를 쓰게 했다. 그다음, 종이의 왼쪽에는 싫어하는 말, 오른쪽에는 좋아하는 말을 이어서 적게 했다. 호루는 이렇게 적었다.

중간에서 굴러떨어진 것

싫어하는 글자:	좋아하는 글자:
화, 우울, 고통	**평온, 안정, 성취**
싫어하는 말:	좋아하는 말:
지금 좀 와줘야겠는데	**수고했다, 이제 푹 쉬어라,**

다음으로 왼쪽에는 현재 많이 쓰는 말을, 오른쪽에는 마음의
에너지가 되는 말, 단 비물질적인 말을 쓰도록 했다.

많이 쓰는 말:	에너지 말:
뭐라도 해야 하는데, 쉬고 싶다	**내가 도와줄게**

호루는 이렇게 적고 나서 말했다.

"여기 적은 글 다, 제가 경험한 것입니다. 평온, 안정, 성취는 회
사 생활하거나 뭘 하거나 끝나야 안정을 찾을 수 있어서요. 과업
을 수행하는 동안 평온할 수 없어요. 호출에 대기를 하고 있어야
합니다. 지금 와줘야겠다는 말은 일이 터졌다는 것이니까요. 회사
에서나 어머니가 주로 쓰는 말입니다."

나는 성공학 관련 책을 주로 집필하는 저자 홍성범의 '인생은
행복이라는 목적지를 향해 항해하는 것'이라고 한 말을 인용하며

어떻게 생각하냐고 물어보았다.

"행복을 목적으로 삼으면 안 될 것 같습니다. 열 개 중 한 개를 했다면 성공한 거라고 하고 세 개이면 이미 성공한 사람이라는 말이 있잖아요. 하나도 못 하면 행복하지 못한 것이고… 옛날에는 그런 생각을 했어요. 작년 12월에 사이버대 공부를 시작하면서 생각을 바꿨어요. 미래에 행복하기 위해 참는 것은 미래가 보장해주는 건 아니니까 최대한 행복을 찾자. 지금, 여기에서!"

호루의 말대로 지금, 당장, 여기서 '행복'을 만날 수 있다는 말을 하고 싶었지만 아직은 아니었다. 호루의 말은 강한 긍정을 담고 있었다. 행복을 향해 가다보면 먼 훗날에서야 비로소 행복을 만날 수 있다는 것은 엉터리다. 행복은 찾는 것이 아니라 선택하고 누리는 것이어서 찾는 순간 잘 보이지 않기 마련이다. 호루가 이 사실을 스스로 받아들일 순간이 곧 올 것이라고 믿었다.

호루의 내면을 탐색할 수 있도록 몇 가지 질문을 던졌다. 쓴 글 중에 나오는 '화, 우울, 고통'하면 떠오르는 사건이 있는지 생각해보고 대답해달라고 했다. 호루는 쉽게 입을 열지 않고 1분 이상 침묵을 지켰다. 그러더니 떠오르는 사건이 없다고 했다. 나는 1년 전에 일어났던 불안발작 때로 가 보자고 했다.

"일하면서 서로 갈등이 있었어요. 제일 화가 났던 게 중간에 끼

어들면 안 될 것 같은데 자기네들은 된다고 하고. 그러다가 자기네들 일 못 처내고 결국 나한테 일이 왔어요. 화가 치밀어 올랐어요. 계획에 없던 일이어서 다른 일을 못 하고, 일하면서도 우울했어요. 사장과 클라이언트는 싸우고 나는 중간에 껴 있고, 일을 꾸역꾸역 맞춰서 보냈는데 자기네들 기준이 아니라고 하고. 그 일을 다시 다 해야 하고. 다음날 회의하러 갔어요. 당일, 우울이 높았어요. 불안 발작이 올 것 같은데 참고 갔어요. 엄청 고통스러웠어요. 회의 끝나고 점심때 운전을 못 하겠다고 친구를 불렀어요. 일을 던져버리고 오늘은 쉬고 내일부터 해야겠다고 하고 나왔지만, 더 심해져서 다음날 회사에 안 갔어요. 그다음부터 외출을 못 했거든요. 이런 일들이 몇 번 반복되었어요. 중간 조정자가 조절을 못 하고 구성원들이 책임감이 없었던 일 말에요. 일하다 보니까 나는 집중해서 끝내고 빨리 퇴근하고만 싶었는데 다른 구성원들은 생활패턴이 달랐어요. 늦게 출근하고 늦게 천천히 하고. 대부분 혼자 사는 사람들이어서 그랬나 봐요. 저 혼자 퇴근하려고 하니, 퇴근 때 눈치 보이곤 했어요. 다들 동아리 분위기처럼 편하게 일하면서 퇴근을 늦게 하곤 했으니까요. 업체에서도 저녁 8시, 9시에 연락이 오고, 생활패턴은 엉망이고. 내 성격은 평소에 미리 계획을 잡아서 해야 하는데 성향에 안 맞는 것도 있고요. 같이 시작하면서 미래를 함께한다고 생각했는데 깨진 거였어요. 회사의 한계성이 분명히 느껴졌으니까요. 예전에는 이런 얘기하면, 화가 솟아 올라서 욕하면

불안장애를 극복한 호루 이야기

서 얘기했는데 이제는 나와 관련 없으니 그런가 보다 하며 얘기합니다. 무뎌졌어요. 초연해진 것은 아니고. 초연해졌다면 이곳에 상담받으러 오지 않지요. 내 일은 아니고 남 뒤치다꺼리하다가 열 받은 거예요. 내 분수에 안 맞는 것은 저는 안 하거든요. 그리고 처리 안 되는 것을 빨리 판단해서 처리합니다. 구성원들이 자신의 수준을 스스로 판단하지 못해서 남의 손을 타게 만드는 거예요. 내가 떠맡은 게 한두 건이 아닙니다. 사장한테 그렇게 말했는데…
스스로 불안발작을 인지했어요. 일을 못 하겠다고 사장한테 말했어요. 한 달만 더 해달라고 했지만, 그 말을 꺼낸 후로 일주일이 지난 날이었어요. 어머니 무릎 수술을 해서 누나와 내가 간호를 했거든요. 회사 다니며 피로가 엄청나게 쌓였어요. 그렇게 안 풀린 상태에서 과부하가 걸린 거였어요. 이러다가 죽겠다, 과로사하는 게 아닐까 생각도 했었어요. 엄마한테는 그런 얘기를 하지 않았어요. 병원에 오지 말라고 할 거니까요. 화장실도 못 가는 상태였거든요. 간병인을 못 쓰게 하니까요. 지금 같으면 간병인을 썼을 겁니다. 그때는 어머니가 싫다고 하니까요. 그때 당시의 판단이었어요. 여러 가지가 겹쳐버리면 신체가 아니어도 마음으로 그렇게 되면 하산해야 하니까요. 지금 나이는 경험치로 끝낼 수 있는 나이는 아니라고 생각해요. 앞으로 생각했던 지점대로 밟아봤으면 좋겠어요. 그동안 좀 밟아보다가 중간에서 굴러떨어진 거였지요."

'중간에서 굴러떨어진' 것이라는 말이 인상적이었다. 나는 살아오면서 몇 번 그랬는지 물어보았다. 호루는 서너 번이라고 했다. 첫 번째는 미대에서 졸업 작품을 못 했던 때라고 했다. 4학년까지 다 다녀서 수료는 했지만, 졸업을 못 한 것이라고 했다. 졸업하는 대신 다른 직업으로 선택하겠다고 다짐했었다고 했다. 두 번째는 첫 번째 직장을 그만두었을 때라고 했다. 설계공장이었는데, 이상하게 다른 사람은 시켜주는데 설계 관련 교육을 안 시켜 주더라는 것이다. 그래서 1년 동안 동냥하듯이 배웠다고 했다. 세 번째는 두 번째 회사를 그만두었을 때라고 했다. 한 6년 동안 설계사무실에서 일했다. 중간에 4년 차가 되었을 때 이직을 생각했다. 거기서는 별로 자라날 것 같지 않아서였다. 선배 직원은 키워주려고 이것저것 시키는데 사장님이 막았다. 기술 이사님은 가르쳐주려고 하는데 사장님이 애 경력으로는 아직 때가 아니라며 먼저 들어온 사람을 시켜야 한다며 직원들 앞에서 싸웠다. 더 큰 회사로 이직하기 위해 그만두려고 했는데 그리고 나서 한 달 정도 회사를 못 갔다. 그게 5년 전의 일이었다. 그리고 그 즈음 부모님이 서로 대판 싸우게 되었고, 이후 회사를 나갈 수 없었다. 아버지가 난폭하게 굴고 다시 폭력을 쓸까 봐 집 주변에 차를 대놓고 차 안에서 무작정 대기했을 정도였다.

호루는 그 당시의 상황이 큰 트라우마로 작용한 것이 분명했다. 그렇게 대기 중이었을 때와 '불안발작' 당시의 불안 정도를 살펴보자고 했다. 불안이 심할 때는 10이고, 없으면 0이라고 볼 때,

불안이 어느 정도인지 물어보았다. 불안발작 때는 8 정도이고, 5년 전에는 6 정도였다고 했다.

"더 큰 데로 갈 수 있었거든요. 이직했더라면 커리어대로 더 좋은 곳에서 일할 수 있지 않았을까 하는 생각도 해요. 제가 한 달 정도 회사를 나가지 못한 것에 대해 아버지는 모르지만, 어머니는 알고 있었어요. 마음이 불안해서 일이 손에 잡히지 않았거든요. 네 번째는 불안발작 때요. 굴러떨어진 겁니다. 마음이 아프면서 좌절한 것이지요."

그렇다면, 사이버대학교에서 공부하게 된 계기는 어떤가? 다만 좌절만이 아니었을 것이다.

"의사의 치료를 받으면서 내가 스스로 치료하겠다는 생각을 해서요. 이왕 시간과 노력을 들이는 건데, 이쪽으로 가는데 더 보람 있겠다는 생각이 들었어요. 돈을 잘 벌지는 못하겠지만요. 행복도는 높일 수 있겠다는 생각을 했거든요. 전에는 O와 X로 싸우는 것이었어요. 그 전에 했던 직업에서는 어차피 돈이고, 흠집 잡으며 깎는 것에 대해 아니라고 반박하고, 그게 네거티브한 포지션이었거든요."

이번에는 자주 쓰는 말에 대해 쓴 느낌을 물어보았다.

중간에서 굴러떨어진 것

"뭐라도 해야 하는데… 시간 낭비하고 있는 것 같기도 하고, 굳이 지금 안 해도 된다는 생각도 들고. 보건 교육사 시험을 준비하려고 하는데 시험이 연기가 되어 여유가 있는 편입니다. 그리고 말 그대로 '쉬고 싶다'입니다. 에너지가 바닥난 것 같기도 하고. 강직성, 당위성이 사라지면 제가 움직이지 않는 경향이 있거든요. 다른 일을 하면 겸해서 같이 하곤 합니다. 하나를 하면 두세 가지를 같이 하거든요. 최근에는 감정이 나오는 대로 말하고 욕하기도 합니다. 발작 후 욕하는 것이 늘었는데 최근 두세 달 전에는 욕을 하지 않고 있습니다."

'뭐라고 해야 하는데'라는 말과 '쉬고 싶다'는 말은 상반된 말이다. 그런 마음이 든다면, 쉬어도 쉬는 것 같지 않고, 어떤 일을 하더라도 하는 것 같지 않을 것이다. 호루에게는 쉴 때는 잘 쉬고, 하면 잘 하는 단순명료함이 필요하다. 한편, 에너지가 되는 말로 적은 '내가 도와줄게'라는 말의 느낌과 함께 누구한테 들어본 적이 있는지도 물어보았다.

"가벼워지는 느낌입니다. 최근에는 친구한테 들었어요."

이 말을 하게 되면 떠오르는 대상이 있는지 물어보았다.

"이제까지 혼자 결정하고 혼자 한 것 같습니다. 떠오르는 사람이 없습니다. 제가 누군가를 도와줬긴 했지만, 스스로는 별로 받

불안장애를 극복한 호루 이야기

지 않은 느낌입니다."

혹시 현재 신앙이 있는지 물어보았다.

"유치원에서 중 2때까지는 기독교였어요. 부모님과 같이 다녔어요. 지금은 무종교이지만, 신이 있는 것과 없는 것을 동시에 생각합니다."

이번에는 적은 종이를 전부 덮고 적은 글자 중에서 떠오르는 것을 물어보았다.

"내가 도와줄게"라는 말이 기억에 남습니다.

다음 순서로 도와줄 나만의 새를 만날 거라고 했다. 이어 심상시치료 두 번째 순서를 진행했다.

'새'를 떠올렸을 때의 느낌을 물어보았다. 호루는 자유롭다는 느낌이 든다고 했다. 오로지 위로와 격려를 해주며 내 마음에 사는 새 이미지를 떠올려보면서 새 이름을 정하도록 했다. 나만의 새는 내 생명이 잉태된 순간부터 지금까지 내 마음 안에 살아가고 있는 새라고 알려주었다. 비난이나 비판을 아예 하지 않고 오로지 포옹과 지지만 해주는 새라고 '나만의 새' 특징을 알려주었다.

호루는 '활짝이'라고 정했다. 날개를 활짝 펴야 자기의 크기를 알 수 있고, 원하는 대로 비행할 수 있어서 그렇게 지었다고 했다.

중간에서 굴러떨어진 것

크기는 양팔을 벌린 만큼이고, 접으면 자신의 키만큼 된다고 했다. 갈색, 밤색으로 되어있으며 가슴에는 흰색 동그란 하트가 있다고 했다. 콘도르 새의 외모를 지녔다고 했다.

이제 눈을 감고 열 번 정도 복식호흡을 하도록 했다. 온몸을 이완한 뒤 '활짝이 새'를 과거의 한순간 속으로 보내보자고 했다. 과거의 나를 만나서 '활짝이 새'가 건네는 위로와 격려의 메시지를 듣고 눈을 뜨도록 했다. 눈을 뜨고 나서 호루한테 체험한 것을 말해보자고 했다.

"이름을 부르니까 새가 그냥 왔어요. 불안발작으로 약 먹고 누워있는 나한테로 왔어요. 새가 '일어나라'라고 하고 팔을 벌리고 안아줬어요. 안정감이 느껴졌어요. 포근했어요. 애기를 안을 때의 가슴처럼요. 예전에 조카를 안을 때 안정감, 편안한 느낌이 들 듯, 조카가 안길 때의 느낌을 제가 받은 거지요. 콘도르 새 모습 그대로였어요. 털이 포근포근하고, 머리는 수리 같고, 파란색 에메랄드 목걸이가 걸려 있어요."

호루는 위로와 격려를 해주는 '나만의 새'를 제대로 만났다. 이렇게 만나게 된 것을 축하해주었다.

다음으로 심상 시치료 세 번째 순서로 '보자기'를 준비했다. '보자기'에 대한 생각 혹은 느낌을 말해보자고 했다.

불안장애를 극복한 호루 이야기

"보자기는 운반하는 천 아닌가요? 반짝반짝해요. 실크니까요. 보라, 핑크, 황금색……."

나는 방금 말한 것 중에서 하나의 색깔을 선택해보자고 했다. 호루는 보라색 보자기를 선택했다. 보자기에 싸고 싶은 것, 특히 비물질을 선택해서 말해보자고 했다.

"불요. 타오르는 에너지요."

다음으로 눈을 감고 복식호흡으로 온몸을 이완하게 한 뒤 멘트대로 들려주었다.

> 나는 지금, 내가 원하는 것을 담은 보자기를 가지고 있습니다. 지금, 이 보자기는 그대로 고스란히 마음 안으로 들어가려고 합니다. 잠시 후, 세 번을 세면 이 보자기는 그대로 내 안으로 들어갑니다. 그 다음, 그 안에서 보자기는 풀려 지고, 자유롭게 내 마음을 가득 채우게 될 겁니다. 제가 세 번을 세겠습니다. 하나, 둘, 셋! … 이 보자기는 내 마음으로 들어갔습니다. 보자기가 풀려지고 내가 원하는 것들이 마음껏 내 마음을 자유롭게 날아다니는 것을 느껴보시기 바랍니다. 언제나, 늘, 변함없이 이대로 내 마음에 이 기운이 그대로 간직해져 있을 겁니다. 비록 어떤 상황이 되어 힘이 빠지고, 기운이 없고, 상황이 어려

울 때조차 지금, 보자기에 싸서 내 마음으로 이동해서 마음껏 자유롭게 마음을 누비고 있는 이 마음은 늘, 항상, 이대로 존재할 것입니다. … 지금의 느낌을 그대로 느껴보시기 바랍니다. … 지금, 현재의 느낌을 그대로 간직한 채 세 번을 세면 현재로 돌아오면 됩니다. 하나, 둘, 셋!

눈을 뜨고 나서 체험한 것을 말해보자고 했다.

"반딧불이 떠오릅니다. 주변이 암흑인데 그 불로 보자기가 보였어요. 보자기 사이로 실루엣이 비추어져요. 반짝이는 별 느낌이었어요. 암흑이었고, 보자기를 쌌을 때 가까이는 모르지만 멀리서 보니까 반딧불로 보였어요. 그러다가 보자기 안의 불이 마음 안으로 혹 들어가서 사방으로 퍼지면서 은하수가 되었어요. 그런데 불이 아니라 우유였어요. 별처럼 되었다가 은하수가 되고, 우유가 되었어요. 온통 흰색으로 마셨어요. 고소했어요. 가서 흡입하면서 마셨어요. 냇가에 물을 마시듯이 그런데 고개를 들고 마셨어요. 주변이 까맸었는데 밝아진 느낌이었어요. 불인 줄 알았는데 우유여서 왜 그러지? 뭐야? 불이 아니네, 그러면서 우주 공간에 떠있는 느낌이었어요. 어느 한 공간에 발을 딛고 있었는데 선명했어요."

진귀한 체험을 한 흥분으로 호루는 상기된 표정이었다. 보자기

에 싼 타오르는 불, 에너지는 반딧불처럼 반짝이는 별로 보일 정도
였다. 그 에너지가 마음으로 들어가서 은하수처럼 퍼졌는데 알고
보니 우유였다. 그 우유를 마시고, 고소한 느낌이 들었다는 거였
다. 주변은 어두웠지만, 그 우유를 마시고 밝은 느낌이 들었다는
호루. 호루의 마음이 우유를 마시듯 부드럽고 평온하게 느껴질 때,
그런 마음으로 호루는 결국 빛나는 에너지 역할을 하게 될 것이
다.

　호루는 불면 증상이 있다고 했었다. 최근에는 잠의 양상이 어
떤지 물어보았다.

　"잠자려고 누웠는데 잠이 잘 안 옵니다. 12시에서 새벽 1시 넘
어서 자서 6시에 깼다가 좀 더 누워서 8시에 일어나요. 중간에 자
주 깹니다. 최근에는 날씨 탓인 것 같아요. 불면까지는 아닌데. 지
금은 일하는 게 아니어서요. 수면의 질은 안 좋지만, 불면은 아니
에요."

　다음 시간까지 해올 마음의 빛 과제를 제시했다.

　　첫째, 흐르는 물을 3분간 바라보고 떠오르는 것에 관해
　　적어오기.
　　둘째, 나만의 새의 메시지를 하루에 세 번씩 듣고 적어오
　　기(아침 눈뜨자마자 / 점심 때 / 자기 전)

중간에서 굴러떨어진 것

'나만의 새'의 메시지는 '활짝이 새' 이미지를 떠올려서 새이름을 세 번 부르고 나서 들려오는 말을 적어오면 된다고 했다. 처음할 때는 잘 안될 수도 있다고 했지만. 호루는 해보겠다고 했다. 호루는 이번 세 번째 만남의 소감을 이렇게 남겼다.

"인상적인 것이, 콘도르 새인 활짝이를 만난 것이에요. 그리고 보자기 안에 불인 줄로만 알았는데 우유였어요. 왜 그런지 모르겠어요. 힘드네요. 아니, 빠져나가는 느낌이 들어요. 스트레스 같은 것이요. 신체적 반응이 그래요. 뒷덜미에서 묘합니다. 뭔가 이제껏 경험하지 않은 느낌이 들어요."

네 번째 만남

순 엉터리다!

호루는 한 주 동안 생각을 정리하는 시간이었다고 했다. 그동안 미처 생각하지 못했던 것을 깨닫게 되었다고 했다. 공부하면서 마음을 치료하겠다는 생각으로 편입을 했다. 막상 공부를 하니까 그 생각이 맞는지 어떤지 헷갈렸다. 그런데 이제 원래 뜻한 대로 밀고 나가야겠다고 다짐하게 되었다. 학과에서 요구하는 국가공인 자격증 위주로 가닥을 잡고 해야할까 하는 고민도 했지만, 그렇게 하지 않기로 결심하게 되었다. 애초부터 원했던 것은 먼저 자신의 마음을 치유하는 것이었다. 그리고 공부할 수 있도록 제대로 이끌어줄 수 있는 슈퍼바이저를 만나는 것인데 이번 기회로 이미 이루어진 것을 깨달았다. 그러면서 심상 시치료 2회기까지는 집에 가서 어떻게 진행했는지를 리뷰하면서 공부하듯 정리했다. 그러다가 저번 3회기부터는 그러지 않았다. 지금은 오직 치료의 경험에 집중해야겠다는 생각이 들었다.

"제가 말한 것은 빙산의 일각인데. 점점 아파가는 과정을 말하

순 엉터리다!

지 않았잖아요. 제가 무신론이었는데 이제 신이 있는 것 같아요. 만사가 섭리 하에 진행하는 것 같아서요."

호루의 말에 나는 이제 차츰 그 과정들을 얘기 나눌 거라고 했다. 혹시 오기 전에 인상적인 꿈을 꾼 것이 있는지 물어보았다.

"오늘 새벽에 사나운 꿈을 꿨어요. 내가 영화관에서 지인들과 영화를 보고 있었어요. 영화 속 장면인데 두 사람이 있어요. 한 사람은 앉아있는데 한 사람은 서 있었고요. 서 있는 사람이 앉은 사람의 심장을 찌르고 칼로 얼굴 가죽을 벗겨내고 했는데 피는 없고 얼굴 뼈와 눈알이 보였어요. 그리고 깼어요. 무서운 것은 아닌데 끔찍한 장면이었어요. 찝찝했어요. 기분이 안 좋았어요. 끔찍해서요. 그런 꿈은 처음 꿨어요. 두 사람 다 제가 아는 사람은 아니었어요. 그냥 영화 속 장면이었어요."

기괴한 꿈이었다. 마치 영화를 보듯 호루는 자신의 삶을 펼쳐보고 있다. 어쩌면 서 있는 이도 앉아있는 이도 자기 자신일지도 모른다. 이미 역동성을 가진 내가 수동적인 나를 공격하고 벗겨내는 것인지도 모른다. 어쩌면 심장을 찌르고 얼굴 가죽을 벗겨내면서 재탄생을 위한 의식을 치르고 있는 것이지는 않을까?

호루는 과제 공책을 내밀었다.

재활 운동 후 장맛비가 막 그친 저녁 7시 질퍽질퍽한 강

90

산책로를 걸어 징검다리 앞에서 거칠게 요동치는 물결을 바라본다. 맑았던 천변수는 탁류로 변해 징검다리를 집어삼켜 거칠게 흐른다. 건너갈 수 있는 길을 바라보며 답답함이 느껴진다. 징검다리 안쪽은 물결에 부딪혀 마치 수초 안에 든 것처럼 고요하다. 하지만 징검다리를 넘어선 물결은 마치 응축된 가스가 폭발하듯이 주변의 풀들을 쥐고 흔든다. 징검다리 안쪽과 그 너머의 모습이 마치 블랙코미디처럼 모순이 느껴진다. 모순… 모순… 모순… 불현듯 최근 상담하면서 든 생각이 떠올랐다. "공은 순차적으로 하나씩 나에게 던져주는 게 아니라 한 번에 여러 개가 오거나 감당할 수 없는 큰 공이 나를 덮쳐 어떤 방식을 선택하기 쉽지 않아요." 그 공이 나에게 던져진 공일까? 내가 잡은 공일까? 예전에 동업하기 전 찾아간 무속인의 말이 생각난다. "모순이야. 인정하고 순응하는 것이 네 인생이 피는 거라고."

7월 26일 밤 활짝이: 옥상으로 날아가 적당한 곳에 자리 잡고 머리를 날개 속에 누이고 눈을 감고 자려고 함. / 7월 27일 아침: 보이지 않음. 점심: 보이지 않음. 잠자기 전: 방으로 들어와 내 옆구리 쪽으로 다가와 고양이처럼 웅크리고 머리를 박고 가만히 있음. 잠 자려고 하는 것 같

순 엉터리다!

음. / 7월 28일 아침: 방 한쪽에 머리를 날개에 박고 새근
새근 자고 있음 / 점심: 여전히 새근새근 자고 있음 / 저
녁: 화가 나는 일 생겨 활짝이를 부르지 못함 / 7월 29일
아침: 밤새 화가 풀리지 않아 이른 아침에 겨우 잠들어서
명상하지 못함. 점심: 전주 일정. 저녁: 웅크리고 앉아서,
"이제 됐네."하고 처음으로 말을 했음. / 7월 30일 아침, 점
심 명상을 하지 못함. 저녁: "이제 다른 톱니바퀴를 이야
기할 때인 것 같아." / 7월 31일: 일정 때문에 명상하지 못
함 / 8월 1일 저녁 : "이야기를 해."라는 말을 함.

　　과제는 '흐르는 물'과 교감하고 느낀 것을 적어오는 것이었다.
호루는 장마가 그친 저녁에 천변의 물을 바라보았다. 징검다리를
집어삼키고 거칠게 흘러가는 물을 보며, 건널 수 있는 길을 삼킨
것에 대한 답답함을 느꼈다. 그러면서 징검다리 안쪽의 고요함과
바깥쪽의 폭발하듯 흐르는 물결을 보면서 모순을 생각했다. 그러
면서 최근 상담하면서 든 생각을 적었다. 자신한테 던져지는 공은
순차적으로 하나씩이 아니라 한 번에 여러 개 오거나 감당할 수
없는 큰 공이 덮쳐왔다는 것이다. 그래서 어떤 방식을 선택해야 할
지 쉽지 않았다는 것이다. 그러면서 호루는 그 공이 자신에게 던
져진 것인지 자신이 잡은 공인지 헷갈려 한다. 예전에 동업하기 전
에 찾아간 무속인의 말도 떠올랐다고 한다. 모순이라고. 인정하고

순응해야 네 인생이 편다고. 그 어디에도 '흐르는 물'과 교감한 흔적이 없다. 물을 보기는 했지만, 물에서 파생된 '모순'을 생각했고, 그 모순을 인정하고 순응해야 한다는 무속인의 말을 떠올렸다. 물의 에너지를 호루가 있는 그대로 수용했더라면 좋았을 것이다. 무속인의 말이 호루에게 파고든 셈이었다. 자기도 모르게 휘둘린 무속인의 말들이 또 있을 지도 모른다.

과제에 쓴 글에 대해서 호루가 말했다.

"내가 잡은 공일까? 내가 잡은 것일 수도 있고 내가 굳이 잡을 필요 없는 공일 수도 있고. 앞으로 일도 선택일 수 있는데, 큰 고민 없이 가볍게 뭔가를 할 수 있을 것이라고도 여겨집니다. 생각을 정리하게 된 것 같아요."

호루는 '생각을 정리했다'라는 말을 유독 많이 쓰고 있었다. 어쨌거나 무속인에 대한 호루의 생각을 좀 더 들어봐야 했다. 호루의 마음속에 자신도 모르게 휘둘리고 있는 것의 실체를 끄집어내야 하기 때문이다. 호루한테 무속인을 만난 것을 자세히 말해보자고 했다.

"그 무속인을 만난 것은 사업하기 전에 잘 되는지 물어보려고 갔는데요. 그 사업보다 저한테 관심이 있더라고요. 그리고 흐르는 물을 바라본 것은요. 원래 저는 쉬는 장소, 배출하는 장소가 따로

순 엉터리다!

있는데 원래 천변은 생각을 정리할 때나 채울 때 가는 곳이거든요. 그런데 느낌이 달랐어요. 대개는 날씨가 화창할 때 가지만, 그날은 답답하고 거칠었어요. 눈에 보이는 자체가 그랬어요. 그리고 무의식의 흐름에 따라 썼는데 이렇게 되었어요. 날씨에 따라 느낌이 달랐을 거예요. 장마에 대한 부정적인 생각이 있거든요. 산책로도 질퍽거리고. 그리고 무속인의 말이 맞는 것 같아요. 다 살아온 게 모순적이라고 했어요. 재밌는 얘기일 수 있어요. 그때는 고통스러웠는데. 완전히 아프기 시작한 게 아버지한테서 나가서 살면서부터거든요. 꿈도 사납게 꾸고 악몽을 한 달에 서너 번도 더 꿨거든요. 잠잘 때 증상도 있었어요. 팔이 아파서 깨면 제가 팔을 공중에 올리면서 자고 있어요. 나도 모르게 그렇게 팔을 올리고 있는 거예요. 그래서 또 그러고 있네, 하고 속으로 생각했어요. 자주 그랬어요. 3년 전에 코 수술하기 전까지요. 어떨 때는 앉아서 자기도 하고요. 그것은 5년 전부터 그랬어요. 어느 날은 너무 배가 고파서 밥을 먹었는데도 배가 너무 고픈 거예요. 그래서 참다가 새벽 4시까지 잠이 안 온 적도 있었어요. 제가 사는 곳이 대학가여서 24시간 하는 편의점, 국밥집이 있거든요. 그곳에 새벽 4시에 찾아가서 폭식하고 나서 또 자고 그랬어요. 게다가 회사에서 받는 스트레스가 있어서 몸이 점점 안 좋아졌어요. 알레르기가 있어서 죽을 뻔했다고 했잖아요. 장례식장이나 풀숲에 갔다 오거나 사람이 많은 곳에 가면 죽어요. 의학적으로는 알레르기인데, 세

불안장애를 극복한 호루 이야기

번 정도 그 무속인을 찾아가서 말을 들어보니 잡귀 탓이었어요. 제가 예술가나 연예인 사주래요. 귀문이 열려있어서 잡귀들이 왔다 갔다 하기 쉽다고 했어요. 의사들은 그런 걸 모르니까요. 그래서 여차하면 병원에 가야 해서 응급실에서 10분 거리에 집이 있어요. 잡귀들이 와서 괴롭힌다고 하니까요. 그 무속인이 저한테 살생하지 말고 나쁜 것 보지 말라고 했어요. 원래 운명 자체가 그림을 그리는 스님인데 그쪽으로 안 가서 최소한 그림을 그려야 한다, 그래야 편안하다고 했어요. 운명을 제가 받아들이지 않다 보니까 잘 안 풀린대요. 저한테 신이 셋이 있대요. 그림을 그리는 신, 노래 부르는 조상신, 서양신이 있대요. 그림을 그리는 신은 외국에 나가야 하는데 안 나가니까 서양신이 들어와 있대요. 이 신들이 있어서 해야 할 과업이 있대요. 그림을 그려야 이 신이 저를 괴롭히지 않는다고 해요. 행복하고 즐겁게 그려야 한다고 했어요. 네가 그리는 게 아니라 신이 그려줄 거라고 했어요. 나는 그림을 못 그리는데 그 말이 모순적이라서 다시 물어봤어요. 그랬더니 네 팔자가 그렇다고 했어요. 조상신은 사람이 태어날 때 조상끼리 상의해서 영혼을 내려보낸대요. 혹시 들어보셨어요? 그렇게 조상신이 내려보내는데 나는 상의해서 태어난 아이가 아니래요. 그래서 아버지랑 안 좋을 수밖에 없대요. 그럼에도 불구하고 저한테 조상신이 붙어 있다고 했어요. 그러면서 이 조상신이 화가 나 있다고 하더라고요. 그 이유가 한동안 제가 성묘를 안 갔거든요. 갔다 오면 아파서요.

순 엉터리다!

안 돌봐드려서 그렇다면서 성묘해서 조상신을 다정하게 해주라고 했어요. 서양신은 대학 때, 타로점을 봤는데 제가 공부한 것은 아니지만 점괘는 잘 나왔어요. 2년 전에 불안해서 다른 친구와 갔었거든요. 거기서 기억이 없어요. 안에 들어가서 혼이 나갔어요. 나는 아무것도 기억이 안 나는데 타로점 치는 분이 중간에 잡귀 나가라며 저를 두들겨 팼대요. 같이 갔던 친구가 그곳에서 나오고 나서 나중에 얘기해줬어요. 몸을 살펴보더니 그렇게 두들겨 팼는데도 멍이 없다며 신기하다고 했어요. 그 당시 돌아갈 때 상태가 안 좋아서 친구가 운전했어요. 다른 데 갔으면 분명히 신내림 하라고 했을 거라고 그 무속인이 말했어요. 이분들 때문에 괴로운데 이분들이 너를 죽이지는 못할 거라고 했어요. 네가 이분들을 행복하게 해줘야 하기 때문이라고 했어요. 맞는 것 같기는 해요. 제가 경제적으로 힘들지는 않았거든요. 뭔가 돈이 없으면 마침 일이 들어오곤 했어요. 그동안 무속인의 말을 80~90% 정도 받아들였어요. 그런데 지금은. 그러니까 이번 주에 50%로 떨어졌어요. 그 이유는 내가 해야 할 몫이라고 생각해서요. 그림에 대해서는 솔직히 안 그리니까 아프기 시작했어요. 최근에 헤어진 여자친구가 화가였어요. 주위에도 그림 그리는 분들이 많고, 점점 그렇게 그림 쪽으로 만나니까 이상한 우연이다 싶어요. 한편으로는 치료되는 것 중 하나가 즐겁게 그림을 그릴 수 있는 것이 아닌가 생각해요. 고등학교 때가 제일 재미있었어요. 남들이 보든 말든 상관없이 재밌

96

불안장애를 극복한 호루 이야기

게 그림을 그렸어요. 그때가 치유의 상태였던 것이 아닌가 생각해봅니다. 그렇게 무속인의 말을 못 벗어나는 것 같아요. 관련된 사람이 있고, 만나기도 하면서 이 경계에서 벗어나지 못하는 것 같아요."

호루는 한숨을 내쉬었다. 나는 여자친구와는 어떻게 헤어지게 되었는지 물었다.

"반 년 정도 사귀었어요. 헤어진 지 2년 반 되었네요. 화가이다 보니까 그림만 그리고 싶어하며 생계 유지 같은 현실적인 감각이 없었어요. 그게 안 되어서요. 결혼을 생각할 나이인데 그런 현실성 있는 얘기를 했지만, 전혀 통하지 않았어요. 그 친구가 기존에 다니던 화실에서 원룸으로 이사했어요. 돈이 없어서요. 대출받은 것 때문에 휴대폰 결제를 못 하고 경제 압박을 받게 되어 돈을 두 번이나 보태줬는데 세 번 때부터는 답이 아닌 것 같아서요. 원래 못 받을 거라고 그저 준다고만 생각하고 준 것이어서 꾸어준 돈을 받지는 않았지요. 그러다가 헤어졌는데… 그런데 나이가 들면 헤어져도 밋밋해질 뿐이에요."

호루는 다시 말을 이어갔다.

"이쪽 공부하는 이유 중 내면에 이런 게 있었어요. 여기 오기 전에 학과장님을 찾아갔는데 심리검사를 타로로도 한다며 받아보

순 엉터리다!

라고 했어요. 제가 예전에 타로를 접하다가 안 보게 된 이유가 있거든요. 사람들한테 재미로 봐주기도 했다가 말을 듣고 각인하게 되어버려 누군가의 삶을 망쳤을 수도 있어서요. 그래서 안 보기 시작했거든요. 지금 이렇게 상담을 시작하고 나서 이런 얘기를 하고 싶었어요. 저주받은 느낌을 가진 채 예전에 제가 남의 운명을 봐줘서 오히려 이제는 내가 저주받고 있는 게 아닌지. 최근에 든 생각이거든요. 학과장님한테 말은 안 했는데 그렇게 봐주다가는 저주받을 수도 있다며 같이 간 친구한테는 이 말을 했어요. 학과장님한테도 그런 말을 해주고 싶었는데 막상 하지는 않았어요. 그래서 친구와 저는 타로를 안 보겠다고 학과장님한테 말했어요. 주말 사이에 생각을 해봤어요. 미국의 한 심리학자가 죄수의 아이큐가 148이라고 하면서 당신은 똑똑한 사람이라고 했대요. 그리고 그 사람이 희망을 가지고 살면서 훗날 우수한 사람이 되어 심리학자를 찾아왔대요. 당신의 그 한마디가 나를 이렇게 되도록 했다며 감사했다고 해요. 타로나 마찬가지인 것 같아요. 사실 제 내면에 있는 저주받은 것들을 풀려고 지금 제가 공부하는 것 같아요. 그렇게 잠재되어 있었는데 학과장님한테 갔다 오고 나서 깨달은 것이 있어요. 타로를 보지 말아야지! 그렇게 서울에 갔다 와서 깨달았어요."

호루는 또 긴 한숨을 쉬었다. 녹차를 한 모금 들이키고 나서 눈살을 찌푸리며 말을 이어갔다.

불안장애를 극복한 호루 이야기

"어떻게 보면 심리치료사와 점쟁이는 백지 한 장 차이 같아요. 점쟁이는 운명을 정해줘요. 상담하는 것과 본질은 같지 않을까요? 내담자가 하고 싶은 얘기를 들려주는 거잖아요. 찾아오는 이는 조언을 구하는 것이고요. 그렇지만 결론은 다른 것 같아요. 점쟁이는 자신의 감각으로 상대방의 운명을 결정하는 것이고, 심리치료사는 학문적으로 접근하며 마음의 문을 여는 것이니까요. 점쟁이 말은 그대로 각인됩니다. 내 팔자가 그래, 그러니까요. 지금은 심리치료사를 믿을 겁니다. 열려 있으니까요. 그런데 점쟁이 말이 맞는 것 같기도 해요. 불안발작이 온 뒤에 약을 먹고 있다가 판단력이 흐려져서 친한 친구 모임에서 용하다는 스님이 있다기에 찾아갔어요. 그러니까 제 생애 네 번째로 점을 치러 간 거죠. 그 스님이 귀신이 많이 씌어서 굿을 해야 한다고 무섭게 말했어요. 내가 스스로 결정하지는 못 한다며 어머니를 모시고 오겠다고 했어요. 그리고 나서 어머니와 얘기를 했는데 나중에 보니까 그 사람이 어머니한테 뭔가 캐낼려고 했대요. 어머니는 많이 다녀봐서 아시는 거였어요. 나중에야 깨달았어요. 갔다 와서 긴가민가했거든요. 결정하기 전날 꿈을 꿨는데, 꿈 속에서 반전이 있었어요. 단독주택이 있었어요. 밖에 비가 추적추적 내리고 내 빨래가 밖에 널려 있어서 걷고 집안에 들어오는데 어떤 여자가 한심하게 나를 쳐다보았어요. 세탁기에 먼지가 쌓여 있었는데 그걸 손가락으로 쓸

99

더니 먼지를 제 얼굴에 대고 후~ 하고 불었어요. '밖에 있는 빨래는 건으면서 안에 있는 이 먼지는 왜 청소를 안 하냐?' 그랬어요. 왜 내가 그동안 외부에서 찾으려고 했을까? 내면은 바라보지 않고서. 그리고 결심한 게 이 스님 점쟁이는 사기꾼이고, 의사 놈들은 못 믿겠다였어요. 약도 쓰레기통에 던져버리고 정상적인 생활을 하자! 그랬어요. 그다음 정형외과에 찾아가고 재활 운동을 시작했어요. 그 와중에 친구한테 권유를 받고 이쪽 공부를 하게 되었어요. 그게 작년 10월이에요. 어머니가 선몽을 잘 꾸시거든요. 나랑 운전해서 어디 동네 들어가고 있는데 동네 어귀에서 외삼촌이 오지 마라 여기 오면 다 죽는다 그랬대요. 외삼촌은 돌아가신 분이에요. 똑같은 꿈을 일주일 전부터 몇 번 반복해서 꿨대요. 어머니가 삼촌이 꿈에서 나타났다고 그러셨어요. 스님을 찾아가기 전에 그 얘기를 했어요. 그리고 가는 길에 이 길이 꿈에서 본 길이다고 그랬어요."

　내 예감이 맞았다. 호루는 무속인의 말을 신봉하고 있었다. 자신도 모르게 무속인의 말이 마음 깊이 파고들어와 박혀 버리고 말았다. 자신은 잡귀에 들려 있고, 결국 그림을 그려서 잡귀를 달래줘야 하는데 그러지 못하고 있어서 아픈 것이라고 믿고 있었다. 그렇다고 그림을 계속할 마음은 없었다. 이 모순을 그저 받아들이며 살아야 한다고 생각했을 지도 모른다. 호루가 가진 비합리적 신념을 어떻게 하면 털어버릴 수 있을까?

불안장애를 극복한 호루 이야기

일단, 호루한테 솔직하게 털어놓은 것에 대해 감사하다고 했다. 아주 중요한 말을 꺼냈다고 했다. 그리고 나를 따라 해 보라고 했다.

"무속인의 말은 순 엉터리다!"
호루는 내 말을 그대로 따라서 했다.

"무속인의 말은 순 엉터리다!"
나는 귀신 세 마리, 기타 등등의 여러 말이 전부 엉터리라고 말해주었다. 호루는 밝은 표정을 지었다. 나는 다시 말했다.

"제대로 된 치료사는 무속인과 비교할 수 없어요. 치료사는 고차원적이지요. 그리고 전문가입니다."
힘찬 내 목소리에 호루는 동의한다는 듯 고개를 끄덕였다. 이 말을 하게 했다. 그리고 기억하라고 했다. 무속인의 말은 순 엉터리다!

다음으로 준비한 심상 시치료는 가족 세우기다. 2회기 때 선택했던 가족 구성원을 상징하는 종이 인형을 꺼냈다. 심리적인 거리를 떠올려서 배치해보자고 했다. 호루가 가족을 세웠다. 저번 회기와 확연하게 달랐다. 누나를 보이지 않는 먼 곳으로 보내고, 아빠

순 엉터리다!

와 엄마, 자신을 둥그렇게 세웠다. 저번 회기와 사뭇 다르게 한 이
유에 대해 물어보았다.

　"아빠와 사이가 나쁜 이유를 곰곰이 생각해봤어요. 친할아버
지는 유치원 때 돌아가셨고. 나를 안고 있는 이미지만 떠올라요.
외할아버지도 나랑 누나를 좋아하셨어요. 외할아버지 배 위에서
잔 기억도 나요. 좋아서 나를 깨물곤 하셨어요. 아버지가 술 드셨
을 때 손자들한테 하는 행동이 그와 같아요. 사랑이 있는데 표현
이 많이 서툰 것 같아요. 지금은 이렇게 둥글게 있는 것이 맞는 것
같아요."

　호루는 미처 말하지 않았지만, 내가 짐작한 바를 물어보았다.
혹시 그동안 아버지에 대한 넋두리, 원망, 한탄을 어머니한테서 자
주 듣지 않았는지? 아주 오랫동안 계속해서 호루가 아주 어렸을
때부터 어머니는 호루한테 자주 털어놓았을 것 같다고 했다. 그리
고 그 부정적인 영향을 호루가 많이 받았을 것으로 보인다고 했
다. 호루는 맞다며 고개를 끄덕이면서 눈을 휘둥그레 떴다.

　"어떻게 아셨어요? 맞아요. 늘 그러셨어요."
　나는 이제는 모친과의 심리적 거리두기가 필요하다고 했다. 그
말에 호루가 이렇게 물었다.

"물리적은 아니지요?"

나는 물리적 거리도 포함된다고 설명했다. 호루는 거인과 같은 무척 큰 엄마 인형을 잠시 뒤로 옮겼다. 그렇게 한 다음 어떤 느낌인지 말해보자고 했다.

"잡다한 생각이 빠져나가서 머리가 하얗게 되었어요."

굳은 얼굴 표정으로 호루가 말했다. 다음 순서로 눈을 감고 복식호흡을 열 번 정도 하자고 했다. 온몸을 이완한 뒤 '나만의 새'인 '활짝이'를 현재, 지금, 이 순간에 떠올려서 메시지를 들어보자고 했다. 그리고 눈을 뜨고 나서 경험한 것을 말해보자고 했다.

"별 대화는 없고 짱구춤을 줬어요. 울라울라 하면서 저한테 잘했다고 했어요. 선생님이 말하기도 전에 제가 활짝이를 먼저 불렀어요. 주변은 까만데 그렇게 짠 하고 나타났어요. 몽환적이었어요."

다음 심상 시치료의 세 번째 순서를 진행했다. 미리 준비해둔 남사당패의 '줄타기 동영상'을 5분 정도 관람하게 했다. 느낌이 어떤지 물어보니 호루는 이렇게 말했다.

"일상 같은 느낌입니다. 계속 아슬한 줄을 왔다 갔다 하는 것요. 발병 전까지, 1년 전까지 그랬어요. 발병 후부터는 줄에서 내

순 엉터리다!

려오는 느낌입니다."

나는 미리 준비한 나무 막대기 두 개를 하나의 끈으로 이어 붙이고 사이를 두고 세웠다. 끈 위로 종이 인형을 세워서 줄 타는 모습을 재현했다. 그리고 계속해서 종이 인형을 끈 위에서 앞으로 갔다가 뒤로 갔다가 하면서 줄타기를 한 뒤, 이제는 종이인형을 호루에게 건네주었다. 호루가 직접 줄을 타보라고 했다. 호루는 종이 인형을 붙잡고 앞으로 뒤로 위로 올라갔다 내려갔다 하며 힘들게 줄을 탔다. 아주, 천천히, 겨우 걸음을 옮기는 모습이었다. 느낌이 어떤지 물어보니 안 떨어지려고 용을 쓰고 있는 중이라고 했다. 나는 잠시, 조금 전에 봤던 동영상에서 줄타던 이는 혼자 줄을 탔지만 아래 사람들이 있었는데, 그들에 대한 느낌을 물어보았다.

"응원받고 있었어요."

바로 그거라고 했다. 모두가 한 마음으로 열성을 다해 응원하고 있으니 이제는 원하는 대로 마음껏 해보라고 했다. 호루는 대번에 줄이 매여 있던 두 막대기를 쓰러뜨렸다. 고무줄놀이 하듯 줄을 바닥에 놓고 뛰다가 다시 막대기를 세운 후 간격을 짧게 해서 그네를 만들어서 앉아서 탔다. 그네에 서서 타다가 엎드려 타면서 '슈퍼맨~'이라고 노래하듯 말했다. 그다음에 이렇게 말을 남겼다.

불안장애를 극복한 호루 이야기

"힘들게 하지 않아요. 처음에는 남이 설치한 거잖아요. 내가 한 게 아니고. 굳이 줄 위에서 할 필요가 없어서 고무줄놀이, 그네, 슈퍼맨을 했어요. 신나요. 즐거워요. 천진난만하게 놀면 되고, 이렇게 하면 될 것 같아요. 남이 했던 대로 하는 것은 싫어요."

나는 종이 인형과 대화를 나눠 보라고 했다.

"네가 하고 싶은 대로 해!"

이렇게 한 다음의 느낌을 묻자 이렇게 말했다.

"기뻐요. 갑갑했거든요. 유튜브 볼 때부터요. 내 의지대로 무너뜨릴 수 있는 게 기뻐요."

호루는 진심으로 기뻐했다. 붉게 상기된 얼굴로 미소를 짓기도 했다.

다음 시간까지 해올 과제를 제시했다.

> 첫째, 나무를 3분간 안고 떠오르는 것 한 줄 이상 적어오기.
>
> 둘째, 나만의 새 메시지 하루에 세 번씩 해오기(아침 눈뜨자마자 / 점심 때 / 자기 전).

참여 소감을 묻자 호루는 이렇게 말했다.

순 엉터리다!

"머릿속이 비워지는 느낌입니다. 머리가 무념이 되니까 시원하고 잡생각이 없는 느낌이에요."

혹시 이 느낌이 저번 회기에 말했던, 뭔가 빠져나간 느낌과 비슷한지 물어보았다. 호루는 고개를 내저으며 이렇게 말했다.

"아니에요. 달라요. 지금은 아주 시원합니다!"

불안장애를 극복한 호루 이야기

다섯 번째 만남

독립선언문

호루는 한 주 동안의 일이 과제 속에 고스란히 담겨 있다며 과제 공책부터 내밀었다.

8월 2일 저녁: 활짝이가 짱구 울라울라 춤을 추면서 뒤로 돌아서 엉덩이를 씰룩이며 고개를 돌리면서 한쪽을 감고 뜬눈을 아래로 당기면서 "순 엉터리 메롱 메롱~"하고 놀리고 있다. 근데 활짝이 생김새가 세서미 스트리트 빅버드랑 비슷하게 생겼다.

8월 3일 아침: 사람처럼 드러누워서 드르렁 드르렁 코 골고 자고 있다. / 점심: 여전히 드르렁 드르렁 잠을 자고 있고 털은 노란색, 긴 부리 동글동글 눈. 주황색 긴 다리 영락없는 빅버드다. 활짝이라고 불러야 할지 빅버드라고 불러야 할지 모르겠다. / 저녁: 잠에서 깨어나 있고 말을 한

독립선언문

다. "성내지 말고 그런 이기적인 멍청이들, 버려 버리고 무시해."

8월 4일 아침: 배를 깔고 누워 잠을 자고 있음 / 점심: "따라 해봐 그 노인네들 순엉터리들" / 저녁: "너 참, clever 하구나"하며 웃는다.

8월 5일 점심: "그것 봐 조급해하지 않아도 돼잖아." / 저녁: 다시 밤색의 활짝이 모습으로 돌아와 차분한 동그란 눈을 뜨고 앉아있다.

8월 6일 아침: 머리를 날개 밖으로 내민 채 자고 있음. 밤색의 활짝이 모습 / 저녁: 가만히 앉아서 쉬고 있고 털색이 노랑색에 가까운 밝은 갈색으로 보인다.

8월 7일 아침: 노란색 빅버드로 변해서 입을 바닥에 처박고 침을 흘리며 자고 있다. / 점심: 어머니 입원문제로 못함 / 저녁: 폭풍우 천둥 번개로 집중이 안 됨.

8월 8일 아침, 점심: 천둥 번개 폭우로 재난문자 난발로 집중이 안 됨. / 밤: 밤색의 활짝이로 돌아와 날개로 두

불안장애를 극복한 호루 이야기

눈과 귀를 가리고 앉아있음. 현재 폭우가 내리는 중.

8월 9일 점심: 밤색의 활짝이가 일어서서 목을 빼고 다리 죽 펴고 날개를 펄럭거리면서 스트레칭하고 있음 / 저녁: 밤색의 활짝이가 방에 누워있다가 데굴데굴 구르다가 다시 눕고 반복하고 있음.

8월 10일 아침: 늦잠 및 활동 지원 교육으로 못함 / 점심: 활동 지원 교육장이라 못함 / 저녁: "생각보다 많이 실망했지? 돌아보면 늘 그랬어, 가보니까 와 있었잖아"

8월 11일: 명상을 하지 못함.

8월 12일 밤: 활짝이가 앉아있는데 빨간색으로 바뀌어 있고 흡사 주작의 모습.

8월 15일 점심: 노란색 빅버드로 변해있고 뒤로 돌아서 부리를 바닥에 박고 혀를 내밀고 침 흘리면서 잠자고 있음.

성실하게 과제를 해온 것에 대해 칭찬했다. 간혹 메시지를 듣지

독립선언문

않고 이미지만 떠올린 이유를 물어보았다.

"말하지 않아도 스쳐지나간 것 같아요. 지금 와서 곱씹어보면
요. 색깔별로 달라요. 밤색일 때는 차분하고 냉정할 때이고요. 빅
버드로 노란색일 때는 기분이 좋거나 소소하게 깨달을 때이고, 빨
간색은 강렬한 때인 것 같아요. 장애인 활동 지원사 교육받을 때
깨달았던 것이 있었어요. 자원봉사는 장애인의 의지를 내게 하는
것이 아니라 다만 옆에서 돌봐주는 것이고, 활동 지원사는 할 수
없는 것을 하게 해주는 것이라는 사실을요. 장애인이 할 수 없는
것을 할 수 있도록 도와주는 것요. 기다려주고 할 수 있도록 해주
는 것! 그게 심리치료 과정이랑 같더라고요. 발달장애, 바우처이야
기를 듣다가 계속 고민해봤어요. 굳이 그 일을 하지 않더라도 해
놓으면 경험할 기회가 있을 거라는 생각이 들었어요. 기회가 열릴
수 있다고 생각하니까 일단 하는 거예요. 그랬더니 생각이 넓어졌
어요. 빅버드가 나오면 기분이 좋아요. 밤색이나 빨강은 표정이 없
는데 빅버드는 표정이 있으니까요."

호루는 자신이 가지는 기분의 변화 양상을 '마음의 새'에 투사
하고 있는 셈이었다. 일단, 호루의 마음을 있는 그대로 받아들이며
지켜보기로 했다. 자칫하면, 너무 '잘해야 한다'는 생각 때문에 부
담이 들어갈 지도 모를 일이기 때문이다. 마음의 새조차 인위적인
긴장을 가지게 된다면, 자연스럽게 만날 수 없을지도 모를 일이다.

불안장애를 극복한 호루 이야기

활짝이의 장난조차 의미가 있다고 여겨질 수도 있다. 긴장이나 압박으로부터 벗어나서 자유롭게 나타날 때 정화된 내면의 기운을 느끼고 이완할 수 있기 때문이다.

이번 주 과제는 나무를 안고 3분간 느낌을 적어오기이다. 한편으로 참 난감함을 느꼈다. 내가 사는 주변은 도시의 번잡함과 시선이 의식되지 않을 수 없었다. 그래서 네이버 지도로 외진 공원을 찾아보고 실행할 결심만 세워두고 있었다. 그러나 내가 사는 곳의 주변 나무들은 인연이 아니었다. 병충해 방제를 위해 가로수와 공원의 나무들은 농약을 뒤집어쓰고 있었고 구청에서 내건 현수막에는 '나무는 병충해 방제제가 묻어 있어 절대 만지지 마시오'라는 글귀가 눈에 들어왔다. 운전을 하고 귀가하던 중 나주에 사는 친구 집 베란다에서 볼 수 있는 아름드리 큰 버드나무가 생각이 났다. 그 나무는 너른 배밭과 함께 농로의 작은 다리 옆에 위치해 있었고, 친구가 나주로 이사 후에 내가 발견하여 또 다른 친구와 같이 방문했을 때 산책 삼아 그 나무를 보러 간 적이 있다. 다음 날 나주 친구 집으로 갔다. 베란다로 나무를 확인하려는 순간 나무가 사라지고 없는 것을 깨달았다. 개발하느라 그만 나무를 베어버리고 만 것이었다.

II3

대안으로 생각한 것은 도시 외곽도로에 있는 작은 공원에 있는 적당한 나무였다. 그 나무를 찾아서 과제를 수행하기로 하고 친구집에서 나와 외곽으로 운전대를 돌렸다. 신호대기 중에 친구가 '나주목관아' 이야기를 하였다. 나주 금학헌 있는 벼락 맞은 팽나무는 신기하게도 안고 소원을 빌면 이루진다는 말이 있는 영험한 나무다. '그래 이놈이다!'하며, '나주목관아'로 향했다. 재빨리 주차를 한 후, 그곳으로 달려갔으나 문이 닫혀 있었다. 도착 시간은 오후 6시 5분, 폐관 시간 오후 6시 정각. 아쉬운 마음에 벼락 맞은 팽나무가 삐져 나와 있는 담벼락으로 갔다. 멀리서 보기에는 울타리 사이로 나무를 안아 볼 수 있을 것만 같았다. 팽나무 가까이에 다다르자 포기하고 말았다. 나무 둘레와 울타리 틈이 생각보다 컸기에 그냥 손만 대어보고 내일 다시 올까하고 한참 고민했었다. 그러나 집에서 시외로 나오는 먼 거리를 생각해 마음을 접고 근처를 살펴보았다. 마침 '나주목관아' 금성관 안에 커다란 나무들이 보였고 그곳으로 발걸음 옮겼다. 나무로 향하면서 사람들이 있나 하고 눈치를 살피면서 원하던 목적지에 도착했다. 사람들이 잘 안 보는 나무의 뒤편으로 돌아가 나무를 한가득 안았다. 그리고 눈을 감고 있으니 바람이 느껴졌다. 몇 초 지나지 않아 어깨가 아파 왔다. 나

무를 포옹하기 위해서 팔을 최대한 벌려서 어깨에 힘이
잔뜩 들어가고 팔은 마치 높은 곳에 매달린 것처럼 된 자
세였다. 너무 나무를 꽉 안아버린 모양새였다. 얼마 지나
지 않아 어깨와 팔의 힘이 풀리고 안고 있던 팔은 중력
에 의해 나무를 쓸어 내렸다. 그러는 과정에서 팔이 쓸려
서 따끔거렸다. 친구가 내 모습을 폰카로 찍는 소리가 들
리는 바람에 나무와 교감마저 깨져버렸다. 그래서 친구한
테 장난으로 욕을 한 바가지했다. 조용히 하고 있으라고
했지만, 친구는 사진 찍을 때 폰에서 찰칵 소리가 날지
몰랐다는 것이었다. 하여튼 다시 친구 집으로 돌아가 저
녁을 먹고 귀가했다. 나무를 안아보고 느낀 점을 핵심적
으로 써야 하지만, 그 이전에 했던 여러 과정을 주절주절
쓴 이유는 과제를 하고 낸 결과물 보다 그 과정에서 깨달
은 점이 있기 때문이다.

김춘수 시인의 '꽃'이라는 시에서 '내가 그의 이름을 불러
주기 전에는 / 그는 다만 하나의 몸짓에 지나지 않았다 /
내가 그의 이름을 불러주었을 때 / 그는 나에게로 와서 /
꽃이 되었다'라는 부분이 머릿속을 맴돈다.

우리 집 주위에 있는 그 흔한 나무들조차 그들의 사정에
의해서 나와 의미가 있는 존재가 되지 못하였다. 배 과수

독립선언문

원의 아름드리 느티나무도 외부적인 요인으로 존재가 사라졌으며, 소원을 들어주는 벼락 맞은 나무도 때가 늦었다. 그러다가 마침내 금성관에 있는 다른 커다란 아름드리나무를 만나게 된 것이다. 인연의 끈이라는 것은 내가 그의 이름을 불러준다고 꽃이 되는 것은 아닌 것 같다. 상대방도 같이 불러줘야 비로소 꽃이 되는 것이다. 한편으로 그 나무를 안다가 난 상처는 내가 이 나무 저 나무 거쳐 마지막에 최후책으로 선택한 것에 대한 서운함이라는 생각을 했지만, 사실 이 생채기는 그런 것이 아니라 나스스로 낸 것에 불과했다. 이어지지 않은 인연의 아쉬움 때문에 마지막에 만난 그 나무에게 한 것이 바로 최선의 마음이 아니었나 싶다. 결국이 내가 무리하게 팔 벌려 포옹하다가 스스로 힘이 풀려서 나무에 긁혀 버린 것이다. 아쉬움과 미련을 정리하고 좀 더 그 나무에게 포근하게 안아주었으면 내 팔에 상처가 나지 않았을 것이다.

그렇지만 다시 한번 생각해본다. 과연 그 나무가 내 이름을 불러준 건가? 지금 이 글을 쓰고 있는 다음 날인 지금 현재는 폭우와 천둥 번개가 휘몰아치고 있다. 만약에 벼락맞은 팽나무를 다시 보려고 다음 날에 가겠다는 마음을 먹었다면, 이렇게 비가 오는 바람에 가지도 못했을 것

불안장애를 극복한 호루 이야기

이고 그렇게 된다면, 팽나무도 금성관에 포옹했던 나무도 다 놓치게 되고 둘 다 인연이 되지 못했을 것이다.

꽤 긴 글을 적어왔다. 호루는 이렇게 이 글을 소리내어 읽고나서 이렇게 말했다.

"8월 6일에 나무를 안았어요. 30초 정도 안았는데 시원하고 팔이 아파 왔어요. 원래 저는 뭔가를 할 때는 별생각 없다가 나중에 깨닫거든요. 나무와 인연을 맺는건데 친구 집 앞에 있는 나무에 대해서는 아예 신경을 안 썼어요. 막상 내가 가려면 버스가 안 오듯이 그렇게 흔하게 오던 버스가 안 오는 거예요. 막상 갔더니 베어지고 만 거였어요. 인연도 상대방이 받아들여야 이뤄진다는 생각이 들었어요. 나만 받아들인다고 해서 잘 이뤄지지 않는 것 같아요. 배나무는 늘 있었다고 생각 했는데, 인연이 끊어진 거였어요. 두 번째 나무는 때가 안 맞았고, 인연의 이유가 다른 것 같아요. 그래도 다른 날 올 수 없으니 해치우고 가자고 생각해서 하다가 몸에 생채기가 났어요. 무관심하다가 갑자기 다가가서 덥석 안았어요. 안은 것도 너무 욕심대로 꽉 끌어안아서 처음에는 나무가 나한테 상처를 냈나 생각했지만 아니었어요. 스스로 내가 낸 상처였어요. 그리고 인연이 있어서 안았구나, 하고 생각했어요. 그래서 서로 이름을 불러주었다고 생각하게 되었지요. 처음에는 내

117

머릿속에는 없었는데 여러 과정을 거쳐서 그렇게 인연이 되었어요."

호루는 너무나 애썼다. 오롯이 즐길 수 없는 호루. 잘해야 한다, 완수해야 한다는 생각에 갇혀 있는 호루. '해치워야 한다'는 압박감으로 전전긍긍했을 호루의 마음을 떠올려보니 안타깝기 그지없었다. 결국 나무를 안고 자연스럽게 떠오르는 것에 대해서는 한 줄도 쓰지 않았다. 완벽을 지향하며 쏟아질 듯 앞으로 달리기만 하는 호루를 생각했다.

"정말 애쓰셨군요. 그런데 정작 나무의 에너지를 받은 것, 나무와 교감한 것은 쓰지 않고 말았군요."

내 말에 호루는 씁쓸한 표정을 지으며 말했다.

"지금의 말씀도 곱씹을 것 같아요. 지금은 그냥 그 말을 들었지만요."

호루는 열이 나서 좀 쉬고 싶다고 했다. 잠시 물을 마시며 휴식을 취한 뒤에 말을 이어갔다.

"저한테 예전에 엄청난 상처를 준 여자친구가 저번 주에 꿈에 나타났어요. 그 친구가 얘기를 하다가 울면서 저를 안았는데 애기가 되어 있었어요. 뭔가 가슴 속에 남아있던 응어리가 빠져나가고

불안장애를 극복한 호루 이야기

막혔던 마음이 해소되는 느낌이 들었어요. 1년 2개월 정도 사귀었던 대학 때 친구인데요. 아쉬워요. 미성숙한 관계였거든요. 마음의 생채기인 것 같아요."

의미 있는 꿈이었다. 지배적인 상처의 감정에서 벗어나는 것을 암시하는 듯했다. 그 친구는 울었고 애기가 되어 있었다. 그런 모습을 보던 호루는 응어리가 빠져나가 해소되는 느낌이 들었다. 나는 그 여자친구와의 결별이 혹시 대학을 졸업하지 않은 것과 연관되는지 물어보았다.

"대학 졸업을 못 한것은요. 미래에 대한 불안감과 함께 이 친구와의 결별이 같이 겹쳐서 일어난 거였어요."

호루는 이렇게 말했다.

다음으로 심상 시치료의 첫 번째 순서를 진행했다. 게슈탈트의 시 두 편을 낭송해보자고 했다. 느낌을 애기해보자고 했다.

하나:

내 일은 내가 하고
네 일은 네가 한다.

독립선언문

나는 당신의 기대에 맞춰 살기 위해
이 세상에 태어나지 않았다.
당신도 나의 기대에 맞춰 살기 위해
이 세상에 태어나지 않았다.

당신과 내가 우연히 뜻이 일치한다면
참 좋은 일이지.

하지만 서로 맞지 않는다면
할 수 없는 일이지.

둘:

만일 내가 내 일만 하고
당신은 당신 일만 한다면
우리는 서로를, 그리고 우리 자신을
잃게 될 위험에 놓이게 됩니다.

나는 당신의 기대에 맞춰 살기 위해
이 세상에 태어난 것은 아닙니다.
하지만 나는 당신을 독특한 존재로 확인시켜주기 위해

불안장애를 극복한 호루 이야기

그리고 나도 당신으로부터 그런 존재로 확인받기 위해
이 세상에 살고 있습니다.

우리는 오직 우리의 관계 속에서만
서로 온전히 우리 자신이 될 수 있습니다.
당신으로부터 분리된 나는 통합성을 잃고 맙니다.
나는 당신을 우연히 만나는 것이 아닙니다.
나는 적극적으로 손을 내밀어 당신을 만난 것입니다.

나는 소극적으로 가만히 앉아
어떤 일이 내게 일어나기를 기다리기보다는
적극적으로 행동함으로써 일이 일어나게
만들 수 있습니다.

물론 나는 나 자신으로부터 시작해야 합니다.
하지만 나 자신에서 끝나서는 안 됩니다.
우리 둘이 만날 때 무언가 진정한 것이
시작됩니다.

첫 번째 시의 느낌에 대해 묻자 호루가 말했다.

"사람이 살면 비교할 수 있는데 내 행복에 대해서만 보는 게 아니라 남과 비교하면서 보니 남과 내가 하는 것이 달라서 괴리가 생기지요. 그 괴리에 행복할 수 없어요. 그리고 시아님이 전에 말했던 에너지에 대해 곰곰이 생각한 게 있어요. 별은 스스로 빛나는 별도 있고 태양에 반사되어 빛나는 별이 있는데 스스로 빛나는 별은 자신이 빛나서 다른 것이 보이지 않지요. 행성은 에너지가 없어요. 태양이 반사되는 것을 보면 어두워져요. 항성이 되면 다른 별을 볼 필요가 없지요. 제가 지금 의식의 흐름대로 얘기를 하고 있는데요. 도시에 별이 안 보이는 것은 도시 자체가 빛나서 별이 안 보이는 거잖아요. 항성은 주위에 별을 만들지요. 에너지니까요. 내가 스스로 항성이 되는 것이 필요할 것 같아요. 그냥 별은 다른 태양에 공존하는 것이지만, 내가 중심이어서 공존시킬 수 있어야 하겠다 하는 생각이 들었어요. 이 치료를 하고 나서 항성이 되든지 평범한 행성이 되든지 하겠지만요. 태양을 보면서 비교할 수밖에 없으니까요. 내가 태양이 되지 않으면 공존할 수밖에 없으니까요. 활짝이가 빨간색이 된 날에 그렇게 생각했어요. 그런데 마음의 새가 이렇게 색깔이 바뀌어도 되나요?"

나는 괜찮다고 말해주었다. 고정된 한가지만이라고 얘기하면 호루는 본질이 아니라 그 색에만 너무 얽매일 것이 뻔했다.

"제가 생각하기에는 자존감의 문제가 아니라 스스로의 문제인 것 같아요. 예를 들면, 금연하는 것이 가족을 위해서라고 할 수도 있지만, 진정한 내가 없어서 안 끊어지는 것 같아요. 중간에 실수해도 더 버텨봐, 그렇게 하면 할 것 같아요. 타인의 의지와 비교하면서 해야 하니까 당위성에 이끌려 휘둘리는 것만 같아요. 그게 안 되면 변명하는 것이고요, 자존감, 행복이 문제가 아니고요.”

'진정한 나'를 만나기 위해 찾는 과정이라고 답해주었다. 그리고 나서 시에서 말하는 '당신'에 누가 연상되는지 물어보았다. 호루는 오직 한 사람, 동업할 때의 형이 떠오른다고 했다. 시에 대한 느낌을 다시 물어보았다.

“서로의 가치관에 대한 것인데 내 가치관과 상대방의 가치관이 너무 다르고, 기대도 말고 강요도 말고. 요새는 이런 생각을 많이 해요.”

다음으로 두 번째 시의 느낌을 말해보자고 했다.

“앞의 시와 대조적이군요. 관계 속에서 의미를 찾는 내용 같아요. 결국은 사람 관계는 무리 지어 살기에 누군가의 지지와 도움을 받아야 한다고 생각합니다. 이 시가 나에게 맞아요. 첫 번째 시는 극단적으로 말하면, '나는 자연인이다!'라고 하는 것만 같고. 온기가 필요한 것 같아요. 두 번째 시는 온기가 있어요.”

나는 두 번째, 첫 번째를 통틀어 의미 있는 이, 함께 아프고 기

독립선언문

뼈하는 이가 누구인지 물어보았다. 호루는 한 치의 망설임 없이 '어머니'라고 답했다. 어머니가 아버지를 부정적으로 느끼는 이유를 물어보았다.

"독재자라서요. 활동을 제약하고 상의도 안 하고 제멋대로 하고, 안되면 술 마시고 깽판 부리고, 물건 부수고… 그런데 제가 고등학교 이후에는 그런 모습이 없어졌어요. 말로 괴롭히거나 사람을 지치게 하는 것은 있지만요. 원래 제가 인문계 안 가고 실업계 디자인 고등학교에 가려고 했어요. 아버지와 어머니가 달달 볶아서 인문계로 갔어요. 아버지가 한 결정들이 결과가 별로 안 좋아요. 술 마시고 그렇게 하는 것이 전에 비해서는 많이 줄어들었긴 했어요. 아버지가 술을 마시면 어머니는 피신해서 나한테 와버려요."

나는 가족끼리 오순도순했던 기억이 있는지 물었다.

"없어요. 그래서 전에 여자친구가 가족들이랑 가족여행 간다고 했을 때 딴 세상 사람 같았어요. 저희는 그런 적이 없어요."

나는 호루한테 이미 늦었긴 했지만, 지금은 어머니로부터 심리적 독립을 해야 할 시기라고 했다.

"맞는 것 같은데 걸리적거리는 느낌입니다. 이성적으로는 맞는데 마음에서는 걸려요. 그동안 어머니가 보호망이 되어준 게 있어서요. 부정적 영향이 컸고 이분법적으로 되니까 OX로 하기에는 무리입니다. 한 70% 정도 독립을 할 수는 있을지… 잘 모르겠습니다."

어머니와 호루의 심리적 일기 상태는 그다지 긍정적이지 않았다. 자주 먹구름이 끼이고 천둥 번개가 쳤었다. 먼저 어머니한테 있던 일기 상태가 호루한테 전달되어 넘어갔을 것이다. 특히 어머니는 아버지에 대한 반감을 호루한테 털어놓았다. 그렇게 한 것이 결국 호루의 에너지를 부정적으로 내몰게 했다. 어머니한테는 넋두리를 할 대상으로 호루가 필요했던 것이다. 어머니는 자신의 마음만 생각했지 호루가 어머니가 뿜어내는 부정의 영향 안에 머물러있게 된 것은 전혀 생각하지 못했을 것이다. 게다가 그런 어머니로 인해 호루의 마음속 아버지는 이미 죽어버린 것이라는 사실을 어머니는 추호도 알아차리지 못했을 것이다. 이제 그만 휘둘릴 때였다. 너무 늦었지만, 지금이라도 반드시 해내야만 한다. 어머니로부터 건강한 심리적 독립을 이뤄야 하는 것이다. 나는 이제는 충분히 어머니로부터 심리적 분리와 독립이 필요하다고 했다. 몇 퍼센트가 그렇게 될 수 있을지 물어보았다.

"95%예요. 그래도 여지는 남겨야 해서요."
호루가 말했다.

"독립은 너무나 중요한 겁니다. 정을 떼고 차갑게 지내는 것을 의미하는 것이 아닙니다. 심리적 독립은 어머니의 부정적 감정에 휘둘리지 않고 자신의 마음을 유지하는 것을 의미합니다."

나는 이 말을 덧붙이면서 어머니로부터 심리적 독립이 몇 퍼센트 될 수 있는지 다시 물었다. 호루는 '100%'라고 답했다. 호루의 마음속 먹구름을 물러가게 할 독립선언문을 적게 했다.

> 내가 모든 일들을 해결할 수 없어. 그리고 모든 이야기도
> 들어줄 수 없어. 그러니까 할 수 있는 것, 없는 것을 분리
> 하는 거야. 나 혼자 있고 싶어. 진짜 독립하고 싶어. 혼자
> 있어야 다른 누군가를 채울 수 있어.

'다른 누군가'는 무엇을 말하는지 물어보았다. 호루는 '동반자' 라고 했다. 나는 어머니의 빈 자리 대신 채우기 위해 온 동반자라 면, 이번에는 그 동반자의 영향을 받게 되고, 또 어머니와 같은 내 면을 가진 여자를 만날 수도 있다고 말했다. 제대로 독립을 하자 고 말했다. 다음과 같은 말로 고쳐 쓰도록 했다.

> * 선언문
> 이제까지 어머니 영향을 받아왔어. 이렇게 계속 살 순 없
> 어. 난 어머니의 심리적 영향에서 독립할 거야! 진실한 나

불안장애를 극복한 호루 이야기

의 삶을 위해서 지금, 이 순간부터 독립이다.

이렇게 공책에 적게 한 뒤 느낌을 말해보자고 했다.

"가슴이 뻥 뚫린 느낌입니다. 하고 싶은 말이기도 했고요. 어머니가 저한테 계속 말할 때마다, 특히 최근에는 듣고 있으면 피곤했거든요. 어머니 마음이 아프니까 들어주는 건데… 어머니가 계속 오셨어요. 오지 말라는 말은 차마 못 하잖아요."

심리적 거리는 마음속에서 일어나는 거리이고, 특히 부정의 영향을 받지 않는 것이라고 강조했다. 그것이 지금 호루한테 무척 중요하다고 했다.

다음으로 심상 시치료 두 번째 순서를 진행했다. '부채' 하면 떠오르는 이미지를 말해보자고 했다. 호루는 시원하게 하는 것, 뜨거운 햇볕을 가리는 것을 말했다. 부채 그림을 제시하면서 부채 위에 그리고 싶은 그림을 마음껏 그려보자고 했다.

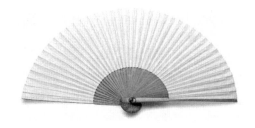

독립선언문

호루는 태극 무늬를 그려 넣었다. 호루의 머리 위 먹구름을 물리치는 에너지가 되는 단어를 떠올려보자고 했다. '태풍'이라고 했다. 태풍과 같은 위력을 담은 단어를 말해보자고 했다. '긍정, 긍정'이라고 답했다. 이번에는 부채 이름을 지어내어 말해보자고 했다. 맑은 푸른 하늘 기운을 담은 '열정'이라고 했다. '열정'하면 떠오르는 것은 무엇인지 다시 물어보았다.

"하고 싶은 강렬한 일들요. 지금 하고 있는 공부, 케이팝 커버, 건강."

부채 이름은 '열정'이고 그 안에 하고 싶은 강렬한 일들이 담겨 있으며 부채를 부칠 때마다 마음은 긍정이 된다고 다시 알려주었다. 호루는 고개를 끄덕였다.

다음 심상 시치료 세 번째 순서로 '마음의 빛'을 진행했다. 먼저 마음에 빛이나 어둠을 느낀 적이 있는지 물어보았다.

"네, 어둠이 가득했는데 최근에 생각이 바뀌었어요. 빅버드를 만난 날 이후부터."

내 마음에 늘, 언제나, 항상 변하지 않는 중심에 빛이 있다는 사실을 떠올려보자고 했다. 인간은 저마다 고유의 빛을 가지고 있는데, 호루의 빛깔은 무엇인지 말해보자고 했다.

불안장애를 극복한 호루 이야기

"보랏빛, 분홍빛이 섞인 보랏빛요. 에너지 핵은 빨강 빛입니다. 아주 많이 반짝거려요."

나는 잠시 눈을 감고 열 번 정도 복식호흡을 하자고 했다. 온 몸을 이완한 뒤 다음의 멘트를 들려주었다.

> 지금, 나는 내 마음의 부채를 만났습니다. 내 마음의 부채를 열정이라고 이름 지었습니다. 이 부채의 특징은 열정입니다. 지금, 내가 이 부채의 이름을 세 번 부르면, 이 부채는 내 마음에서 내가 원한 열정을 부칠 것입니다. 자, 이제 부채의 이름을 세 번 불러보시기 바랍니다. 열정, 열정, 열정. 지금 이 부채는 내 마음의 열정을 부치고 있습니다. 지금의 느낌이 어떤지 고스란히 느껴보시기 바랍니다. 네, 좋습니다. 이제 내가 언제 어디서나 부채의 이름을 세 번 부르면 이렇게 내 마음의 열정을 부칠 것입니다. 지금, 이 느낌을 그대로 간직합니다. 느낌을 간직한 채 세 번을 세면 눈을 뜨시면 됩니다. 하나, 둘, 셋!

눈을 뜨고 나서 체험한 것을 말해보자고 했다.

"거무튀튀한 부채를 부치니까 검은색이 하늘에서 우수수 떨어졌어요. 하늘이 두 가지로 보였어요. 하나는 청명한 가을인데 동시에 밤이 느껴졌어요. 가을밤에 별이 은하수가 되어 흐르고 있었어요. 가을하늘과 밤이 모자이크처럼 뒤섞여 있었어요. 맑은 기운이 느껴졌어요. 밤은 시원하고 맑고, 가을하늘은 따뜻했어요. 보랏빛이 점점 밝아지더니 어느덧 흰색에 가까워졌어요. 그러면서 사방으로 퍼져갔어요. '고!'라고 메시지 소리를 들었어요. 지금 하는 대로 계속 하라는 느낌이 듭니다."

호루의 마음의 부채인 '열정'이 가을밤을 만나게 해주었고 계속 가라는 뜻의 '고!'라는 말을 듣게 했다. 호루는 미소를 지었다. 이번 회기를 마무리하면서 다음 시간까지 해올 마음의 빛 과제를 제시했다.

첫째, '꽃'을 3분간 바라보고 떠오르는 생각과 느낌을 한 줄 이상 적어오기.
둘째, 마음의 빛 메시지를 아침에 눈뜨자마자 떠올려서 매일 적기.
셋째, 활짝이 새 메시지를 자기 전에 떠올려서 매일 적기.
넷째, 하루 한 번 나 자신을 칭찬해서 매일 적기.

꽤 많은 과제인데 괜찮겠냐고 묻자 호루는 웃으며 고개를 끄덕였다. 해보겠다고 했다.

다섯 번째 회기에 대한 참여 소감을 묻자 호루는 이렇게 말했다.

"생각을 분리해야겠다고 생각했어요. 어떤 얘기를 듣고 너무 깊게 빠져드는 경향이 있어요. 제가 할 수 있는 것이 아닌데 그렇게 빠져들어서 같이 흥분하곤 합니다. 붙잡을 것을 놓는 것이 필요해요. 놓은 방법을 배워야겠습니다. 아까 긴장해서 어깨가 조이는 것 같았는데 지금은 편안해졌어요."

독립선언문

여섯 번째 만남

스스로 해야 합니다

지난 일주일 동안 어떻게 지냈는지 묻자 호루는 과제 공책을 내밀었다. 지난 삶이 과제에 고스란히 담겨있다며 읽어보라고 했다.

8. 19. 아침에 일어나 오늘의 스케줄을 보니 마침 아무런 일도 없는 날이었다. 꽃 보러 가는 숙제하기 딱 좋은 날이라고 생각했다. 오전 9시. 갈 장소는 딱히 염두에 두지 않은 채 시동을 걸고, 주차장을 빠져나왔다. 아파트 단지를 빠져나올 때 불현듯 너른 들판을 가진 본촌동이 떠올랐고 그곳으로 액셀러레이터를 밟았다. 대로에 진입하여 운전하다 보니 평소에 눈에 들어오지 않았던 도로 중앙 분리대에 잡초와 함께 피어있는 이름 모를 노란색 꽃들이 눈에 들어왔다. 길가에 핀 호박꽃이나 이름을 알 수 없는 여러 꽃을 보았지만, 정차할 수 없는 곳이라 눈에

스스로 해야 합니다

담을 수밖에 없었다. 22번 국도를 따라서 본촌동으로 들어가는 진입로에 가까이에 오자 좀 멀리 벗어나고 싶어 영광 방향으로 내달렸다.

내비게이션에서 '꽃과 나비의 고향 함평군에 오신 것을 환영합니다'라는 음성이 흘러나오기에 즉흥적으로 목적지를 함평으로 정하고 22번 국도를 타고 직진했다. 도로 양옆으로 자주색과 장미색에 가까운 꽃이 피어있고, 가로수가 국도 양옆으로 이어져 있었다. 산단 공사판을 지나갈 때 공장이 보여서 도시 냄새가 나지 않는 곳으로 가야겠다고 생각했다. 그때 마침 라디오에서 롤러코스터 음악이 흘러나왔고, 그 아티스트의 곡들을 듣고 싶어 라디오를 끄고 T맵으로 '롤러코스터 음악 들려줘'라고 음성으로 명령했다. 〈힘을 내요 미스터 김〉이라는 노래가 흘러나오고 그 노래를 반복해 들으면서 흥얼거렸다. 주변에 도시의 느낌과 냄새가 사라지고 넓은 논들이 눈앞에 펼쳐졌고, 길섶에 장미색 꽃이 핀 가로수가 이어지고 있었다. 천천히 운전하면서 나와 만날 꽃을 살펴보았다. 22번 국도에서 본 꽃들이 여전히 시골 도로 양옆으로 쭉 늘어서 있었다. 하는 수 없구나 싶었다. 보이는 게 똑같은 꽃밖에 없어서 적당히 정차할 곳을 찾았지만, 차를 멈출 장소가 없었다. 그냥 아무 곳이나 주차를 하고 꽃을 만나

려 했는데, 무슨 놈의 덤프트럭들이 그렇게 많이 다니는
지 위협감마저 느꼈다. 다시 운전해서 안전한 곳을 물색
했다. 〈힘을 내요 미스터 김〉을 흥얼거리면서 그렇게 달
리다가 시골 버스 정류장을 지나치는 순간 급브레이크를
밟고 정류장 쪽으로 후진하여 주차했다. 이 버스 정류장
이야말로 덤프트럭으로부터 내 차와 나를 안전하게 지
켜 줄 장소로 안성맞춤이었다. 차에서 내려 뒤로 돌아보
니 여전히 꽃들이 왕복 일 차선 가장자리로 줄 세워져
있었다. 가장 가까이에 보이는 꽃한테 걸어가는데 버스정
류장 바로 옆에 흙만 있는 휑한 화단이 눈에 들어왔다.
눈을 돌려 화단을 살펴보니 내 무릎만큼 자란 식물 서너
그루가 외롭게 자리잡고 있었다. 자주색이 보이는 이것이
꽃이라고 확신하고 그 식물 앞으로 다가갔다. 봉선화였
다. 그의 앞으로 가서 쭈그리고 앉아 가만히 바라보았는
데, 그 꽃에게서 메시지가 들려왔다.

"나의 지금을 너에게 담아줘."
이 말만 듣고 일어나 차로 향했다. 시동을 걸고 사이드
브레이크를 내리고 출발하려는 순간 봉선화 물을 들여야
겠다는 생각이 들었다. 자동차 시동을 끄고 다시 봉선화
에게 다가가 잎사귀 열 개와 떨어진 꽃잎 몇 조각을 주어

스스로 해야 합니다

다가 화장지에 싸고 정류장을 떠났다.

봉선화 물을 들일 때 나 혼자 하지 못하겠기에 나주의 친구에게 도움을 요청했다. 친구에게 꽃잎을 보여주었더니 이것으로는 열 손가락에 붙일 양으로는 부족하다고 했다. 애초에 새끼손가락만 들이기 위해 최소한의 양만 가지고 온 거라고 했다. 그런데 그 녀석 말을 곱씹어 보니 이왕에 하는 김에 열 손가락에 해도 괜찮겠다는 생각이 들었다. 친구와 점심을 먹은 후에 봉선화가 핀 버스정류장으로 더듬더듬 다시 찾아갔다. 그리고 그날 밤에 봉선화 꽃잎을 빻아 열 손가락 손톱에 올려놓고 친구 집에서 잤다.

놀라웠다. 제대로 꽃과 교감을 나눈 것이다. 몇 번의 시도와 노력 끝에 호루는 해냈다. 나는 나도 모르게 슬며시 미소가 번지는 얼굴로 호루를 바라보았다. 호루는 열 손가락을 내밀었다. 주홍빛이 손톱에 곱게 자리잡고 있었다. 이 멋진 손톱을 두고 물어뜯을 수 없겠는걸요, 내가 말하니 호루는 당연하다는 듯 고개를 끄덕였다.

그날 호루의 마음이 끌려서 22번 국도 쪽으로 향하게 한 것은 누구였을까? 그 누가 국도를 지나서 이름모를 시골, 한적한 곳에 피어있는 꽃을 찾아내게 한 것일까? '외롭게 자리잡은' 느낌으로 그

불안장애를 극복한 호루 이야기

저 다가갔을 뿐인데 가까이 가서 보니 봉선화였고, 그 꽃이 "나의 지금을 너에게 담아줘"라고 메시지를 들려주었다. 막상 돌아가려고 하다가 다시 돌아와서 꽃잎을 따고 왔던 것은? 친구 집에 가서 다시 친구와 함께 꽃잎을 좀 더 따가지고 왔던 것은? 도대체 누가 면밀한 간섭으로 호루의 마음을 움직였던 것일까? 나중에 알게 된 일이지만, 호루의 삶은 '봉선화' 꽃물을 들인 다음과 그 이전으로 나뉘게 된다. 아무리 생각해도 인간의 한정된 안목으로는 도저히 어림할 수가 없다. 꽃과 교감을 이루도록 하는 과제가 주어진 것, 그 과제를 성실하게 하기 위해 근처에 있는 아무 꽃이나 하지 않고 운전을 해서 갔던 것, 한참 국도를 달려서 봉선화를 만난 것, 그저 바라보고 만 것이 아니라 꽃잎을 따온 것, 새끼 손톱 정도가 아니라 열 손톱 전부 들이자고 친구가 권유한 것, 그 친구의 도움으로 물들이게 된 것. 이 모든 것이 아귀가 맞아 떨어지는 한 편의 드라마였다. 이 기막힌 퍼즐을 준비하고 맞추게 한 것은 누구였던 걸까?

다음으로 호루는 나만의 새 메시지를 적은 과제 글을 보여주었다.

> 8월 16일. 활짝이 메시지: "머릿속을 비워"(밤색의 활짝이), 칭찬- 심리적 독립 / 8월 17일. 마음의 빛 메시지 없음, 활짝이 메시지 없음, 칭찬-다시 공부계획 세운 것 잘했어. /

스스로 해야 합니다

8월 18일. 마음의 빛 메시지 없음, "차분히 순서를 기다려. 그래도 기회는 있잖아."(노란색 빅버드), 칭찬-재활 PT 중 부상 방지하고 스트레칭으로 바꾸게 유도한 일. / 8월 19일. "평정심을 유지해", "내일 손톱은 어떻게 될까?"(빅버드), 칭찬-봉숭아 물들이기 / 8월 20일. "선택은 시간이 해주는 거야.", "차분한 마음을 가져. 화가 너무 나 있어."(빅버드) / 칭찬-어머니 일 도움 준 것 / 8월 21일: "열정과 냉정 사이에서 냉정", "Come down! Come down!"(빅버드), 칭찬-화내지 않았던 것 / 8월 22일: 마음의 빛 메시지 없음, 활짝이 두 다리 쭉 펴고 앉아 있지만 메시지는 없음. 칭찬-커피 드립하며 마음을 진정시킨 것. / 8월 23일. "조심히 다녀와"

"8월 17일에는 다시 공부계획 세워서 수강 신청한 것을 칭찬한 거예요. 8월 18일에는 활동 지원사 관련해서 원서를 냈어요. 세 군데 중 한 군데는 접수하고, 한 군데는 후보가 되었어요. 또 한 군데는 코로나 때문에 안 받는대요, 그것을 보고 활짝이가 말해준 거예요. 그동안 몸이 손상되었나 봐요. 장애인 활동 지원사 교육받느라 하루 8시간 동안 꼬박 의자에 앉아있어서요. 원래 군대 가기 전에 안구 건조, 기관지, 척추가 안 좋았는데 괜찮다가 또 그러는 거예요. 운동하다 말고 다리가 마비가 오는 듯해서 다른 운동

140

불안장애를 극복한 호루 이야기

을 했어요. 8월 19일에는 어머니가 전화를 했어요. 휴대폰이 고장 났는데 당장 어떻게 해보라는 거예요. 운동 프로그램을 받고 있는데 갑자기 전화가 온 거였어요. 이런 식으로 일이 겹쳐서 화가 났어요. 그 전날에도 스트레스가 있었어요. 어머니가 자꾸 집에 오는데 활동 지원사를 하면 장애인들이 중중 장애인들이라서 코로나에 걸리지 않게 조심해야 하는데요. 혹시나 모르는 일이니까요."

호루는 수개월간 직업 없이 지냈던 생활을 청산하려고 하고 있었다. 장애인 활동 지원사 교육을 받았고 이제 현장에서 직접 행하려고 하는 중이었다. 그리고 그동안 어머니에 대해 무조건 감싸던 마음이 다소 달라진 것을 알 수 있었다. 어머니와 심리적인 분리를 하고 독립을 해야 한다는 말이 자극이 되었을 것 같다. 그렇지만 어머니한테 '화가 났다는 것은 그렇게 환영할 만한 감정이 아니긴 했다. 이것도 하나의 과정이라고 여겨서 그대로 경청했다.

"선생님이 저번 시간에 평정심을 유지하라고 해서 도움이 되었어요. 그리고 마음의 빛을 전에 보랏빛이라고 했는데, 아니더라고요. 흰색, 핑크빛이 번갈아 나타났어요. 그러니까 연분홍빛이었어요. '선택은 시간이 해주는 거야'라는 말은 마음을 편히 가지라는 뜻 같아요. 화요일에는 어머니가 오셨는데 어머니의 휴대폰에 안드로이드 업데이트하라고 떠서 했어요. 그리고 목요일에는 봉선화한테 다시 가는 길에 누군가 칼치기를 해서 욕을 했어요. 편한 친

스스로 해야 합니다

구가 있으니 욕이 나오더라고요. 친구가 왜 그렇게 욕하냐고 그러는데… 그 다음에는 어머니 은행 일을 도와드렸어요. 그리고 점심을 먹고 차에 탔는데 유리창에 금이 살짝 가 있었어요. 그러다가 다시 차에 타니 금이 또 있는 거였어요. 그래서 안 되겠다 싶어 유리집에 가서 40만 원을 주고 유리를 새로 했어요. 기분이 안 좋았지요. 생돈이 날라 갔으니까요. 블랙박스가 못 잡아내더라고요. 그것 때문에 열 받고… 제가 사는 아파트가 주차 전쟁이거든요. 요즘 단지 내에 페인트 공사를 하다보니까요. 그 다음날 계속 화가 나 있었지만. 친구 집에 갔어요. 그곳은 LH인데 주차하기가 좋아요. 그곳에서 밥을 먹고 봉선화 물을 들이고 잤어요. 원래 불안할 때 화나 자해를 하잖아요. 저는 그동안 손톱을 물어뜯는 것으로 나한테 화를 냈어요. 실제로 욕하거나 화내거나 짜증을 내지는 않았어요. 그런데 물들인 다음부터는 예쁜 손톱이 상할까 싶어서 뜯거나 물려고 하다가도 멈춰요. 의식하게 되더라고요. 과제는 재미있었어요. 과제하면서 여름 휴가 가는 느낌이 들었어요. 친구와 나들이하기도 하고. 친구가 저녁에 삼겹살을 사줬어요. 시골에서 드라이브도 하고요. 이질적인 느낌이 들었어요. 여기 시골의 밤에서 도시 쪽을 보면 어떨까? 그런 생각도 들었어요."

여러 일들이 있었지만, '평정심'이 유지되고 있었다. '마음의 빛'이 들려준 그대로 호루는 해내고 있었다. 마음의 빛과 활짝이 새의 이미지를 느끼긴 했지만, 메시지를 듣지 못한 적도 있었고, 호

불안장애를 극복한 호루 이야기

루는 솔직하게 그렇게 적어 놓은 것이다.

나는 그동안 손톱에 봉선화 물을 들인 적이 있는지 물어보았다.

"유치원, 중학교 때, 엄마와 누나가 해줬나 봐요. 그래도 그때는 물어뜯었어요. 이번에 물들이고 나니 기분이 참 좋았어요. 자꾸 손톱 색이 달라지는 것 같아요. 색깔이 진했다가 약간씩 빠져요. 예뻐요. 물어뜯으면 적나라하게 훼손하게 되니까요. 제가 지켜줘야지요."

환하게 웃으며 호루가 말했다. 손톱을 지켜주다니! 바로, 그거였다. 자기 자신을 지켜주는 것. 다른 누군가의 돌봄, 어떤 상황에 의지하는 것이 아니라 자신을 스스로 돌보고 안아주는 것. 자기를 귀하게 여기고 사랑하는 마음, 자중자애自重自愛의 힘은 막강하다. 스스로를 돌봐주고 사랑해주는 것은 마음의 중심에 존재하는 '마음의 빛'으로 인해서 일어나게 된다. 그 빛은 홀로 존재하는 것이 아니다. 신에 의해서다. 다른 말로 표현하면, 우주의 에너지 덕분이다. 나약하고 한계성이 뚜렷한 인간이 무한한 가능성을 가질 수 있는 이유가 바로 신과 연결된 '마음의 빛'으로 인해서다. 호루는 이제 이 빛의 힘을 서서히 받아들이고 있는 중이다.

첫 번째로 준비한 심상 시치료는 안수환의 '문'이라는 시를 통

143

스스로 해야 합니다

해서 하는 방식이다. 배경음악으로 'Michael Hoppe'의 〈Moon flower〉을 들려주었다. 호루힌테 직접 낭송해보라고 했다.

문

안수환

내 마음속에는
닫힌 문짝을 열고자 하는 손과
열린 문짝을 닫고자 하는 손이
함께 살았다

닫히면서 열리고
열리면서 닫히는 문살을
힘껏 잡고 있으려니

눈물겨워라 눈물겨워라

시의 느낌을 물어보았다.

"살면서 어쩔 수 없는 시류랄지, 자신이 갖고 있는 환경적 숙명

불안장애를 극복한 호루 이야기

에 대해 억지로 뭘 하려고 하면 문제가 생길 수밖에 없다는 생각이 듭니다. 지금 내 상황인 것 같아요. 밖에 나가고 싶은데 코로나도 그렇고 나간다 해도 별 수 없고, 어머니 오시는 것도 그렇고. 문 닫는다 해서 안 오시는 것도 아니고. 최근에 어머니한테 굳이 안 와도 된다는 말을 하려고 했는데 여러 가지 상황이… 어머니가 목욕탕 안 다녀야 할 텐데 목욕탕 월비를 냈대요. 그래서 다니고 계시고. 그러니까 스트레스가 있어요. 그 말을 돌려서 얘기했어요. 치명타가 될 수 있어서요. 저한테 그게 스트레스이긴 해요. 직접적으로는 '굳이 안 오셔도 됩니다'라고 했으면 하는데 엄마는 엄마가 필요해서 오시거든요. 먹을 것 가지고 오고, 설거지도 하시고 그러시거든요. 나는 혼자 있고 싶은데 제 걱정도 되고 아버지를 피해 오기도 해요. 최근에 이런저런 얘기도 했는데. 저한테 오면 늘 주무세요. 엄마 집에서 목욕탕까지는 멀거든요. 30분 정도인데 무릎이 아프니까 저한테 와서 주무시고 아침 5시에 버스 타고 가면 그곳에 바로 도착해요. 물속에서 걷고 거기서 재활하시는 것 같더라고요. 거기 또 같이 목욕하는 분과 만나는가 봐요. 저는 작업하거나 공부할 때 누가 보면 예민해지는데. 부딪히니까 힘들긴 해요."

나는 어머니가 와서 좋은 점은 무엇인지 물어보았다.

"온기가 있어요. 먹을 것을 챙겨주고. 요즘은 매일 오십니다. 여

스스로 해야 합니다

러 불편한 점도, 좋은 점도 있어요. 작년 8월부터 매일 오고 계십니다."

어쩐지 '어머니'의 방문에 초점이 맞춰져 있는 것 같았다. 어머니한테 독립하는 것을 호루는 부담스러워하고 있을까? 모든 문의 열쇠를 어머니가 쥐고 있다고 생각하고 있는 것일까? 주체적으로 생각하고 행할 수 있도록 하기 위해서는 어떻게 접근하면 좋을까?

나는 이 시에서 '닫히려고 하는데 열고자 하는 것'이 무엇인지 생각해보자고 했다.

"시간요. 과거의 아쉬웠던 것. 해야 하는데, 떨쳐야 하는데… 그러지 못한 것이 아직도 많이 남아있어요. 후회요."

나는 '후회'의 대표적인 것은 무엇인지 구체적으로 말해보자고 했다.

"그림요. 학창시절을 보면, 초등학교 때는 그림에 대해 애정이 별로 없었어요. 전학을 가서 새로 친구를 사귀어야 했지요. 중학교 때는 가깝게 지냈던 친구 두 명이 있었어요. 고등학교 때는 친한 친구는 없었어요. 그나마 대학 때 친구들이 제일 친해요. 다들 하고 싶은 일을 하며 지내고 있어요. 여러 어려움이 있지만, 업적은 쌓이겠지요. 저와 비교됩니다. 그림 이외에도 사회적 지위, 단계들이 올라가는 것을 모르는 것은 아니지만요. 사업체 운영한다고

불안장애를 극복한 호루 이야기

하고, 작가라 하고… 내가 좋아하는 것, 뭔가 하는 것에 대한 업적이 저한테는 없으니까요. 굳이 생각할 필요도 없고, 안 맞으면 바꿀 수도 있는데요. 뒤처져 있다는 생각이 없지 않아 남아있어요. 뭔가 해야 된다는 생각이 불현듯 들어요. 대학을 나왔을 때 후회는 안 했어요. 졸업을 못 했다는 콤플렉스는 있었지만요. 사실, 대학 때 제일 행복했어요. 코드에 맞는 사람들을 만나는 게 쉽지 않은데 그곳에서 만났으니까요. 경제적인 문제도 생각해보는데… 부모님도 연로하시고. 이런저런 일이 있을 수도 있고 해서요. 마음이 편해져야 하는데 그렇지 않아요. 쪼들리는 것은 아니지만, 최근에 돌아다니면서 생각한 것인데요. 저는 자꾸만 제가 '28살'이라고 해요. 누가 물으면 갑자기 그렇게 튀어나오려고 해요. 생각해보면, 28살 때 좌절과 아쉬움이 남아있나? 그런 생각이 들어요. 그 좌절의 시기가 화석처럼 남아있어요. 정신연령이 그런 것인지, 졸업도 못 하고 공부가 무의미하다고 생각했던 나이였거든요."

학업에 대한 콤플렉스는 여전했다. 미술대학을 졸업하지 못한 후회가 호루의 마음에 자국처럼 남아있었다. 대학 때 친했던 친구들은 전공을 살려서 일을 하고 있는데 그렇지 못한 자신을 비교하는 마음이 들기도 할 것이다. 그게 스스로 자신의 심리적 시간을 '28살'로 돌려놓게 되는 것이다. 닫히려고 하는데 열려고 하는 것. 대학 졸업. 지금은 이미 때를 놓쳤지만, 했으면 좋지 않았을까 하는 후회와 미련.

스스로 해야 합니다

이번에는 다른 질문을 해보았다. 나는 문을 닫는다는 자연스러운 에너지가 바로 '어머니'를 뜻한다고 하면, 문을 닫는다는 것은 어떤 의미인지 물어보았다. 아주 오랫동안 어머니의 그늘 아래에서 살아왔던 까닭에 호루는 어머니한테 휘둘림을 당해왔다. 아이가 가정환경, 분위기의 영향을 받는 것은 당연하겠지만, 그 기간이 너무 오랫동안 이어져 왔다. 남편에 대한 부정적인 생각, 남편한테 촉발되어 느껴지는 부정적인 감정이 호루한테 고스란히 흘러들어갔기 때문이다. 아버지에 대한 부정적 인식이 아주 어릴 때부터 사무치게 박혀 있기에 호루의 마음은 태생적으로 썩어있었다. 그렇게 썩어 문드러진 내면 안에서 불안이 곰팡이처럼 돋아났을 것이다. 이제 이런 어머니의 감정 영향권에서 벗어나야 한다. 사춘기 때 이미 그렇게 해야 했지만, 그 시기를 놓치고 말았다. 심리적 독립이 제대로 되지 않으면 불안을 회복할 길이 보이지 않는다. 어머니한테서 독립하는 것은 어머니를 미워하고 화를 내는 것과는 전혀 다르다. 오히려 그것은 어머니의 영향 아래 꼼짝하지 못하는 것을 증명하는 꼴이다. 어른답게 어머니의 감정적 통제에서 해방하면, 어머니가 어떤 말과 행동을 해오든 평정심을 유지하게 된다. 그 경지는 너무나 어렵고 힘들다. 아주 어릴 때부터 계속되어 왔기에 이미 굳어져 버린 마음 때문이다. 마음은 자동적으로 어머니의 감정에 반응하기 쉽게 길들여져 왔다. 과연 호루는 슬기롭게 비틀어진 마음을 말랑말랑하게 잘 반죽하게 될 수 있을까?

불안장애를 극복한 호루 이야기

"나는 내 마음의 자리에 있어야 하는데 엄마의 영향에서 벗어나지 못하는 것 같아요. 그렇게 벗어날 수 있는 것을 의미합니다. 대학 때 나가서 살아야 하는데 일일이 나가 있어도 전화하고, 최근에도 여기에서 출발할 때도 전화해요. 제가 스스로 엄마한테 속박하고 있어요. 그렇게 안 하면 불안한 것 같아요."

여자친구가 있을 때는 어떻게 했는지 물어보았다.

"그때도 만나러 가, 이렇게 말하고 나오고 무얼 하는지 엄마가 다 알고 있어요. 미리 말하니까요."

최근의 여자친구는 얼마 동안 사귀었는지 물었다.

"6개월에서 1년 반 동안 만났는데 헤어진 지 2년 되었어요. 그래도 2년마다 여자친구가 있었어요. 사귀는 게 짧아요. 한 3개월 정도. 불안해서요. 체력적으로도. 연애도 관리인데 그렇게 못하니까요."

지금 당장 만나는 여자는 없지만, 호루는 꼭 결혼하고 싶다고 했다. 그렇다면, 이대로는 곤란했다. 어머니한테 심리적인 분리를 위한 말을 어떻게 할지 적어 보도록 했다.

'엄마, 나 공부도 해야 하고 정신이 드니까 좀 예민해. 그리고 엄마 일도 있는데 일 있을 때마다 왔다 갔다 하는 것도. 힘들고 게다가 나 활동 지원 일도 해야 하는데 목욕탕도 그렇고. 난 예민하고 신경도 쓰여서 머리 컷하는 것 예약 취소도 했는데… 엄마가 버스 타고 올 때 코로나도 신경 쓰여. 아예 오지 말란 소리는 아니야. 가끔씩만 와. 특히 코로나 관련해서 나도 발목 잡힐 수 있어.'

이 말을 직접 엄마한테 하듯이 읽어보자고 했다. 그다음, 진정으로 엄마한테 하고 싶은 말을 요약해서 짧게 다시 적어보자고 했다. 호루는 이렇게 적었다.

"나, 다 나았으니까 그만 와도 돼. 내가 더 정신적으로 건강해지려면 엄마한테 독립해야 한대."

감히 엄마한테 분리를 말하다니! 스스로 감당할 수 없어 하는 투였다. 그러니 누군가의 핑계를 대야했다. 치료사가 그러는데 내가 더 건강해지려면 엄마로부터 독립해야 한다는 거야. 그러니 엄마. 내 건강을 위해서 독립하게 나를 도와줘! 나 다시 불안발작이 되면 어떡해? 겁이 난단 말야!

호루는 들리지 않는 목소리로 이렇게 외치고 있는 듯했다. 나는 호루한테 처음과 뒤에 적은 글을 다시 살펴보게 했다. 두가지 다른 스타일로 전하는 말의 느낌을 물어보았다. 호루는 직설적인

불안장애를 극복한 호루 이야기

게 더 편하다고 했다.

"스스로 해야합니다. 치료사 핑계를 대지 말고요. 이제 용기를
내어 직접 편하게 전해봅시다."

호루는 알겠다고 했다. 나는 호루한테 다음과 같은 글을 적도
록 불러주었다. 적은 글 중에 아래에 적은 글은 어머니한테 직접
들려주듯이 읽어보자고 했다.

> 난 엄마와 분리됨으로써 겪는 아픔을 각오합니다. 난 엄마와
> 심리적 독립을 합니다.
>
> 엄마 그만와도 돼, 나 내 생활해야 해!

이제 이 말을 전하는 것만 남았다. 엄마 그만와도 돼. 나 내 생
활해야 해! 호루는 과연 이 말을 어머니한테 할 수 있을까?

심상 시치료 두 번째 순서로 김정희의 '세한도' 그림을 준비했
다. 미리 그림을 인쇄한 종이를 건네주었다. 그림에 대한 느낌을
자연스럽게 말해보자고 했다.

"잎사귀가 앙상한 소나무, 기다란 집. 이 집에는 나 혼자 살아요. 구들장에 누워서 온돌에 등을 지지고 누워있어요. 몸의 긴장이 풀려서 시원합니다. 찜질하는 것처럼요. 바깥은 추워요. 겨울인데, 지금 누워있는 집안은 따뜻합니다."

추운 겨울, 앙상한 나무. 홀로 살아가는 기다린 집 안에 나는 누워있다. 긴장을 풀고 찜질하듯 시원한 느낌이다. 지금 호루의 마음이 그림속에 투영되어 있었다. 나는 '내가 견뎌야 하는 삶'하면 무엇이 떠오르는지 물어보았다.

"나 혼자밖에 없다는 생각요. 세상에 의지할 사람이 없다는 생각. 원래부터 조금은 하고 있었는데 24살에 군대에서 나온 이후 더욱더 이 생각이 굳어졌어요. 제가 롤 모델 자체가 없었어요. 제가 나가야할 진로에 대해 상담할 사람이 없었어요. 기대고 싶었지

불안장애를 극복한 호루 이야기

만 기댈 사람이 없었거든요. 믿을 건 나밖에 없다는 생각. 내가 행한 결과에 남 탓하지 않고 내가 못해서 그렇다고 생각했어요. 내가 못한 일은 안 하게 되었는데 누군가 저를 보면 저 사람은 극복을 왜 안 하지? 그렇게 생각하겠죠. 그런 생각 때문에 외로웠어요. 주변에 동료나 진짜 고민에 대해 말할 사람도 없었어요. 그런 외로움에서 헤어나오지 못했어요. 멀리 있는 친구한테 털어놓은 적은 있어요."

그런 '견뎌야 하는 내 삶'에서 배울 점은 무엇이었는지 물어보았다.

"뭐든지 부딪히고 굉장히 주체적이고 독립적인 것요. 집이 제일 편하다, 결국은 사람이 떠오릅니다. 따뜻한 느낌이에요."

혼자 결정하고 혼자 해결해야 했던 호루. 그렇지만 실은 혼자가 아니었다. 친구한테 털어놓은 적도 있었다. 불안발작이 일어났을 때조차 혼자가 아니었다. 당시 직업이 없던 친구한테 와서 함께 기거하자고 요청했고, 그 친구는 회복될 때까지 호루와 함께 해주었다. 그렇지만 호루의 말을 참고해서 그 외로움을 견뎌야 하면서 얻어진 것을 물어봤다. '굉장히 주체적이고 독립적인 것'이라고 하면서 집이 제일 편하다는 것과 '사람이 떠오른다'고 했다. 외로움에서 시작했지만 '따뜻함'으로 마무리했다. 스스로 외롭다고 했지만, 외로움은 상처로 남아있지 않았다. 결국 극복해왔고 회복되는 터닝

스스로 해야 합니다

포인트가 되어왔다.

이번에는 눈을 감고 열 번 정도 복식호흡을 하면서 온몸을 이완하도록 했다. 그다음 멘트를 들려주었다.

> 지금 나는 편안한 몸과 마음을 가지고 있습니다. 이제, 잠시 후 세 번을 세면 '세한도' 그림 안으로 들어가게 됩니다. 세 번을 세겠습니다. 하나, 둘, 셋! 지금, 세한도 그림 안에 들어와 있습니다. 주위를 둘러보시기 바랍니다. 무엇이 보이나요? 어떤 느낌이 드나요? 혹시 무슨 소리가 들려온다면 들어보시기 바랍니다. 이제 집이 한 채 있습니다. 집을 향한 문을 두드려보시기 바랍니다. 문을 두드리면 열릴 겁니다. … 네, 좋습니다. 문이 열립니다. 그곳에 누가 있는지 그대로 보시기 바랍니다. 이 분과 자연스럽게 대화를 나눠보시기 바랍니다. … 자, 이제 대화를 마무리하고 작별 인사를 나눕니다. … 지금 이 느낌을 그대로 간직한 채 세 번을 세면 그림에서 빠져나오면 됩니다. 하나, 둘, 셋!

눈을 뜨고 호루는 체험한 것을 말하기 시작했다.

"그림 안에 갔는데 발아래에 아무것도 없지만, 걸을 때마다 풀이랑 꽃들이 피어났어요. 내가 걸을 때마다요. 생명력이 번지고 있구나 하고 생각했어요. 그러다가 문 앞까지 왔는데 문을 두드리지 않고 그냥 열고 들어갔어요. 나보다 큰 곰 인형이 있었어요. 그냥 바닥에 앉아있었어요. 갈색인데 따뜻했어요. '안녕?' 그렇게 손들고 인사하고 '안아봐도 돼?'라고 했어요. 그리고 나서 가서 안았어요. 계속 안고 있었어요. 가려고 할 때 곰 인형이 가지 말라고 손을 잡았어요. 그래서 계속 안고, 계속 손잡고 있었어요. 포근하고 털이 보들보들한 느낌입니다."

내면은 우리에게 자주 말을 걸어온다. 말로 된 메시지일 수도 있지만, 그것보다 더 자주는 영상이나 이미지로 메시지를 보여준다. 흡사 꿈을 꾸듯이 펼쳐진다. 이미지는 뛰어난 상징을 지니고 있다. 지금, 이 심상을 통해 보여주는 내면의 간곡한 메시지는 어떤 것인지 물어보았다.

"내가 따뜻하고 포근한 느낌을 좋아하는구나. 안고 싶다. 그런 걸까요?"

내면의 메시지를 좀 더 깊게 들여다볼 필요가 있다. 마치 꿈을 해석하듯이 메시지를 분석해야 한다. 마음이 내는 올바른 목소리를 알아들어야 그 방향으로 걸음을 내디딜 수 있을 것이다. 나는 3회기 때, 떠올린 태양이 아버지를 상징한다면 곰 인형이 상징하는 것이 무엇인지 물어보았다. 호루는 대번에 답했다.

스스로 해야 합니다

"엄마요."

따뜻하고 포근한 존재인 엄마. 마흔의 나이를 앞두고서 호루가 그 품을 벗어나는 것이 쉬운 일이 아니다. 오래전, 사춘기 때 했어야 할 독립이라는 통과 제의를 미처 하지 못했던 호루. 이제 따뜻한 긍정의 기운을 자신의 마음 안에서 찾아야만 한다. 긍정이든 부정이든 어머니의 영향 아래 휘둘려와서 자신의 정체성마저 불분명해진 지금. 호루는 자신의 상태를 비로소 알아차린 듯했다. 떠나지 못하게 호루의 손을 꼭 쥐고 있는 어머니로부터 과연 극복할 수 있을까?

호루가 했던 말에서 주변에 아무것도 없었지만, 걸을 때마다 풀과 꽃들이 피어난 것, 생명을 탄생할 수 있다고 한 것에 대해 초점을 맞춰보자고 했다. 포근한 곰인형 같은 엄마의 품안에서 이제 걸음을 떼야할 때라고 알려주는 내면의 메시지에 귀를 기울여보자고 했다. 호루는 깊은 의미를 담은 얼굴로 고개를 끄덕였다.

다음 시간까지 할 마음의 빛 과제를 제시했다. 그리고 호루가 어머니한테 얘기할 수 있도록 어머니가 일주일에 몇 번 방문하는 것이 좋은지 정하도록 했다. 호루가 정한 횟수는 두 번이었다. 그렇게 정한 대로 어머니한테 전달하는 것을 과제로 내주었다.

불안장애를 극복한 호루 이야기

첫째, 거울 속의 나를 3분간 들여다보고 떠오르는 생각
과 느낌 적기. 한 줄 이상.

둘째, 마음의 빛 메시지를 아침에 눈 뜨자마자 떠올려서
적기-매일

셋째, 활짝이 새 메시지를 자기 전에 떠올려서 적기-매일

넷째, 하루 한 번 나 자신을 칭찬해서 적기-매일

다섯째. 지난 5회기 때 했던 부채의 이름인 〈열정〉이라는
단어를 떠올리기. '열정' 부채를 부치면서 '긍정'의 바람이
일어나는 것을 상상하면서 가을하늘, 내가 하고 싶은 일
과 심리적 독립을 함께 떠올릴 것. 매일 낮 동안 한 번 이
상 떠올리기.

여섯째, 모친한테 주 2회 방문해달라는 요청할 것

이번 회기 참여 소감을 물었다. 호루가 이렇게 말했다.

"약간 이성적입니다. 힘들거나 그러지는 않고 머릿속이 차가워
졌어요. 동요도 없고 어차피 해야 하니까요. 저는 결정 전에 힘들
어서 그렇지 결정되면 바로 합니다. 어머니와 분리되는 것요. 물리
적, 마음적으로도."

스스로 해야 합니다

일곱 번째 만남

꿈을 찾은 것은 처음이에요

한숨 돌린 호루한테 지난 일주일간 어떻게 지냈는지 물어보았다. 일주일 동안의 삶을 한 단어로 나타내고 그 이유를 말해보자고 했다. 호루는 '여러 가지'라고 했다. 활동 지원사를 시작했고, 모친과 얘기를 했고, 학기 등록금을 냈고, 신청한 교재가 와서 맛보는 정도로 훑어보고, 활동 지원사 실습도 있었다고 했다. 그리고 과제 공책을 꺼냈다.

    * 3분간 거울 바라보고 난 후에 느낌: 1년 전까지만 해도 거울 보는 일은 출근할 때뿐이고 대부분은 일상에 찌들어 이마에 내 천 자를 새기고 있으며, 언제나 신경을 곤두세우곤 했다. 앞쪽 머리가 우수수 빠져서 거울 볼 때마다 걱정과 스트레스가 적나라하게 나를 강타할 뿐이었다. 1년이 지난 지금은 머리카락 빠짐이 조금은 좋아진 것 같고, 누군가에게 배려하기 위해 어리숙한 상태지만

꿈을 찾은 것은 처음이에요

새로운 일을 위해 지저분함을 참고 있다. 이런 것이 나름 신선하다. 근래 10개월 가까이 재활 운동하면서 헬스장 거울 보면서 매일매일 나를 체크하고 그 변화에 조금씩 나에 대한 만족감이 생겨난 것 같다. 헬스 트레이너에게 PT 받으면서 반 년 정도 지났을 때 한 말이 생각이 난다. "어깨에 힘 빼는데 반 년 걸린 것 같아요." 이제까지 살아오면서 인지하지 못했고 이미 굳어져 버린 경계감과 전투태세를 항상 목을 앞으로 빼 어깨를 들고 긴장된 상태로 평생을 살아온 것이다. 그래서 PT를 받는데 트레이너가 자꾸 이 말을 했다. "어깨에 힘 빼세요. 어깨에 힘 빼세요." 피트니스에서 매일 거울 보며 운동을 했는데 정말이지 이놈의 어깨를 내리기 위해 온통 신경을 곤두세우곤 했다. 이제 거울에 비친 힘을 뺀 어깨를 바라본다. 의심과 수십 개의 가면으로 점철되었던 과거보다 훨씬 더 여유로운 시선을 느낀다. 1년 전보다 체중이 줄어든 것은 아니다. 아직도 얼굴과 목 주변에 겹친 살들이 덕지덕지 붙어 있지만 전체적인 몸의 라인 변화와 새로운 근육들이 생기면서 생기를 느끼면서 KPOP 커버댄스를 해보고 싶은 목표가 생겼다. 하지만 아직은 먼 길일 뿐이다. 이 근육들이 버틸 만큼 더 튼실해져야 하기 때문이다

불안장애를 극복한 호루 이야기

8월 23일. 마음의 빛은 하지 못함. 활짝이 밤색. "피곤하니까 푹 쉬어.", 칭찬-"호루님, 오늘 전주 잘 갔다 왔어요. 잘했습니다." / 8월 24일. 마음빛-어두운 남색 빛. "밤새 못 잤잖아. 오늘은 뭘 하지 말고 푹 쉬어.". 활짝이-메시지 없음. 부채-"불확실성이 그쳐질 거야." / 8월 25일. 마음빛. 흰색빛 "무서운 꿈을 꾸었네. 꿈은 반대니 진정하렴.", 활짝이-"의욕보다는 듣고 기다려봐.", 칭찬-"활동지원사로 일하는 한 걸음 축하해요." / 8월 26일. 마음 빛-"오늘은 차분하구나." 흰색 빛, 활짝이-하지 못함(피곤함에 자 버림), 칭찬-"오늘 실습 잘했어요.", 부채-실습 중이라 하지 못함. / 8월 27일. 마음빛-하지 못함, 활짝이-"긴장을 풀고 평정심을 유지해"(빅버드), 부채-"그 사람의 장점을 찾아보자.", 칭찬-"실습 잘 마쳤어요. 일요일 전까지 충전해요." / 8월 28일. 마음빛-"날개를 펴"(흰색빛), 부채-개인 일정으로 하지 못함, 활짝이-그냥 앉아있음(빅버드), 칭찬-"오늘 2학기 교재를 전부 살펴본 것 잘했어요."

나는 '8월 27일. 활짝이-"긴장을 풀고 평정심을 유지해"(빅버드)'에 별 다섯 개를 그려주었다.

"바로, 이것이에요! 멋지군요."

꿈을 찾은 것은 처음이에요

라고 말해주었다.

"부채가 했던 메시지, '불확실성이 그쳐진다'는 것은 활동 지원
사 된 것을 말하는 것 같아요. 화요일에 연락을 받았거든요. 다섯
군데 접수했는데, 한 군데에서 연락이 온 거예요. 그리고 8월 25일
에는 무서운 꿈을 꿨어요. 대학 친구 네 명과 함께 있었어요. 지금
도 잘 연락하고 만나는 친구인데, 같이 놀러 가려고 방에 모여있
는데 TV에서 전쟁이 났다는 거예요. 나와서 차를 타고 가는데 강
너머에 전쟁이 나고 있었어요. 폭탄이 터지고 불이 나는데 이쪽은
아무 일도 없고… 차들이 가다가 멈춰서 대피하고 있었는데요. 그
래도 아무 피해가 없었어요. 그러다가 전쟁이 멈춰졌어요. 그러니
까 원래대로 다시 차를 타고 갔어요. 한참 길을 가는데 비포장도
로가 나왔어요. 이미지가 위에서 아래를 보는 것 같았어요. 갑자
기 차 안이 가족으로 바뀌고, 친구가 아니라 아버지가 운전대를
잡고 있었어요. 갑자기 눈이 내리는 거예요. 심장이 계속 두근거렸
어요. 그러면서 긍정적으로 생각했어요. 꿈해몽을 찾아봤는데 일
이 풀릴 징조라고 해서 괜찮은 마음이 들었어요."

가족에 대한 그동안의 생각을 전환하기 위한 과정을 호루는 겪
고 있었다. 마치 전쟁이라도 일어난 듯한 느낌일 것이다. 그렇지만
그다지 멀지 않은 앞날에는 혼란이 걷히고, 자신이 가야 할 길도
평온할 것이라는 암시일지도 모른다. 그 모든 것을 관조하듯 내려

다보는 호루의 내면이 느껴졌다. 게다가 아버지는 운전대를 잡고 있다. 그동안 엄마의 영향에 의한다면, 아버지는 자동차에 매달린 채 형편없이 끌려가거나 아예 아버지를 태우지 않은 채 엄마의 운전으로 차가 움직여야 했다. 놀랍게도 운전대를 잡고 있는 것은 아버지였고, 모든 것을 위로해주는 듯 눈이 내리고, 호루는 두근거리는 심장으로 긍정의 마음을 내고 있었다.

"부채 과제는요. 부채에 이름을 붙인 '열정'을 말하면서 맑은 가을하늘과 함께 내가 하고 싶은 일들, 어머니로부터 심리적 독립을 함께 떠올리기만 하면 됩니다."
내 말에 호루는 고개를 끄덕이면서 말했다.

"아! 메시지는 안 들어도 되는 거였군요! 8월 26일 실습하면서요. 저는 이용자를 '삼촌'이라고 부르거든요. 그 삼촌이 얘, 안 되겠는데, 라고 해서 열받더라고요. 듣고 그냥 흘렸지만요. 나중에 직접 이런 말도 하더라고요. 자기도 모르게 말이 나오니까 너무 신경 쓰지 말라고요. 8월 27일은 외가에 다녀왔어요. 거울 보고 쓰는 글은 금요일 오전에 했어요. 욕실 거울 보면서요. 예전보다 좋아졌다고 생각했어요. 제가 인상이 안 좋다고 생각해서 셀카도 잘 안 찍고 거울도 안 보거든요. 그런데 지금은 거울을 보게 되었어요. 운동할 때마다 매일 봅니다. 이제 거울을 보는 게 일상입니다."

꿈을 찾은 것은 처음이에요

나는 거울을 건네주면서 지금 다시 해보자고 했다. 가만히 거울을 바라보면서 문득 떠오르는 단어를 말해보게 했다. 호루는 '피곤'이라고 했다. 나한테 말을 거는 것이 있으면 말해보자고 했다.

"계속 보고 있으니까 낮잠 자고 싶은데요. '흥분하지 마. 체력 떨어져'라고 거울이 말해요."

나는 거울한테 말을 걸어보자고 했다.

"왜 흥분하지 말라고 그래? 그랬더니 이렇게 말해요. '너무 과열되어 있어서.' 뭔가 브레이크를 밟는 느낌이에요. 거울한테 그 말을 들으니까요. 조급해지는 느낌이 들곤 했거든요. 뭔가 시작하기 전에 불안함이 있어서 신경이 과민해지니까요. 거울이 저한테 한숨 돌려보라고 하는 것 같아요. 지난 일주일 동안 여러 감정이 겹쳐져 있었어요. 학기 시작 전의 불안감과 어머니와의 관계. 지금은 네 가지가 한꺼번에 시작하는 거라서요. 어머니, 학사일정, 보건교육사 준비, 일 시작."

호루는 지금 한숨 좀 돌려야겠다며, 잠시 쉬었다가 하자고 했다. 그렇게 잠시 쉬도록 했다. 새로 녹차를 따라주었다. 5분 정도 침묵하고 있으니 이제 다시 해도 된다며 호루가 알려왔다. 나는 저번 주에 연습했던 대로 어머니한테 얘기했는지 물어보았다.

불안장애를 극복한 호루 이야기

"월요일 저녁에 했어요. 전날에는 걱정이 되어 잠이 안 올 정도였어요. 어머니가 집에 오셨기에 제가 얘기를 꺼냈습니다. 내 생활을 해야 되고 엄마가 옆에 있으면 예민해지니까 일주일에 두어 번만 오시면 좋겠다고 했어요. 짧게 말했어요. 어머니가 알았다고 그러시는데 서운해하는 표정이지만 내색하지는 않으셨어요. 최근 어머니가 집에 오니까 불편하더군요. 그래서 잠을 못 잔 거예요. 예전에는 한 달에 한두 번만 오셨어요. 1년 전에 제가 발병하고 나서는 매일 오셨어요. 그런데 월요일에 그 말을 하고 난 다음날 또 오셨어요. 그래서 제가 어제 말하지 않았냐고 그랬어요. 스트레스가 심했고, 혼자 있어야 한다고 생각해서 한 말이었어요. 집중할 때는 분리된 나만의 공간이 필요하니까요. 어머니는 목요일 이후 안 오셨어요. 편했어요. 그동안 말을 못하고 있다가 프로그램하면서 계기가 되어 한 거예요. 겨울에는 문을 닫고 있어서 분리가 되었지만, 여름이라서 그럴 수도 없고. 옆에 있으니 동영상 학습이 중단되기도 하고, 리포트 하는 것도 신경 쓰였고……."

호루는 어머니한테 집에 오는 횟수를 줄이도록 요청하는 말을 하기 전, 그 말을 하는 것이 걱정이 되어 잠을 설칠 정도였다. 어머니한테서 독립하려는 시도가 스트레스인지, 어머니로부터 받은 스트레스 때문에 분리해야 하는 것인지 헷갈렸다. 어쨌든 혼돈스러운 감정을 정리하고 어머니의 영향으로부터 다소 떨어진 채 사는

꿈을 찾은 것은 처음이에요

것이 절실했다. 일단, 그렇게 어머니한테 의사를 전했고 독립을 위해 실천하는 중이었다. 호루가 겪는 스트레스의 강도가 어떻게 되는지 파악할 필요가 있었다. 스트레스가 없으면 0, 많으면 10이라고 한다면, 지금 호루는 어느 정도인지 물어보았다.

"발병 때는 15요… 10까지면, 10요. 없을 때는 3~4 정도인데 작년 외주 일 마지막으로 끝내고 나서가 그 정도. 최근 2주 전에는 7, 지금은 5. 2주 전에는 경제적으로 압박이 있었거든요. 지금은 일이 결정되고 모든 게 시작점이어서요. 뭔가 시작하려고 할 때 불안합니다. 그러다가 막상 시작하면 편안해집니다. 눈 감고 있으면 무서워요. 눈 뜨면 괜찮아요. 주사도 안 보고 있으면 더 무서워요. 보고 있으면 괜찮아져요."

호루가 판단한 자신의 스트레스 수치는 5였다. 그 정도면, 견딜 만했다. 어머니한테 요청한 것에 대한 스트레스이건 아니면 어머니한테 요청할 수밖에 없는 자신의 처지에서 비롯된 스트레스 때문이든 간에 말이다.

이번 회기의 심상 시치료로 '똬리'를 준비했다. 먼저 똬리의 그림을 보여주었다.

불안장애를 극복한 호루 이야기

똬리는 무거운 짐을 완충하는 역할을 하며 주어진 짐을 감당하게 한다. 그 의미를 먼저 말한 뒤 내 삶의 똬리는 무엇으로 되어 있는지 물어보았다.

"빅버드요. 보고 있으면 즐겁습니다. 진정되는 것 같아요."

'빅버드'는 호루가 정한 '마음의 새'인 '활짝이 새'가 포근하고 가벼운 노란색이 되었을 때의 별칭이다. 이번에는 '내 마음의 짐'이 무엇인지 말해보자고 했다.

"내 삶의 의미는 살아있는 이유, 살아갈 가치가 되는 그 어떤 것입니다. 학사, 경제적 문제, 나이, 부모님, 건강. 학사가 모든 문제

꿈을 찾은 것은 처음이에요

의 시작인 것 같아요. 대학 졸업을 못 했으니까 직업적인 한계가 있어서 회사 다닐 때도 옮기고 싶어도 졸업을 한 게 아니어서 콤플렉스가 되었고요. 뭘 새로 시작하기에는 늦은 나이인데 안정적으로 가야 하는데, 하는 조바심이 나고. 나 스스로 부딪혀요. 혹시나 부모님이 경제적으로 필요하면 어쩌지? 아프면 경제적으로 뒷받침을 해야 하는데… 그렇게 같이 이어져 있어요."

이런 것들을 모두 합쳐서 한 단어로 표현해보자고 했다. 호루는 '걱정'이라고 했다. 애초에 말했던 '마음의 짐'과 거리가 먼 것 같다고 했다. '마음의 짐'은 내 삶의 십자가이며 섭리에 의해 주어진 것이라고 했다. 호루는 '마음의 짐'에 대해 다시 말했다.

"나와 내 주변 사람과 행복하게 살아가는 것요."
구체적으로 어떻게 하면 행복한지 물어보았다.

"내가 건강함으로써 나 스스로 치유가 되어 그럼으로써 내가 사랑하는 사람들도 치유와 행복을 가지게 되는 것."
나는 이 '사랑'이 '박애'의 의미가 포함되어 있는지 물어보았다.

"내 안목에 의해 사랑스러운 것만 골라서 사랑하는 것이 아니라 사랑스럽지 않은 것, 오히려 사랑받지 못한 대상을 사랑하는 것도 맞는지요? 그걸 박애라고 하는데……"

불안장애를 극복한 호루 이야기

호루는 맞다고 했다. 방금 말한 내용을 공책에 적게 했다.

내가 건강함으로써 나 스스로 치유가 되어 그럼으로써
내가 사랑하는 사람들도 치유와 행복을 가지게 되는 것.

"내가 사랑하는 사람들이라면 내 조카들도 그렇고 누나가 도피
성 결혼을 했거든요. 조카들이 상처가 심해요. 먼저 조카들이 떠
오릅니다."

공책에 쓴 글을 다시 읽고 나서 어떤 느낌이 드는지 물었다.

"내가 공부하는 이유를 찾았어요. 바로 지금 적은 것이 내가
공부하는 이유입니다!"

나는 지금, 현재 떠오르는 단어에 관해 물어보았다. 그리고 '격
정'을 내려놓고 지금의 의미를 담아서 하나의 색깔을 선택해서 연
결해보자고 했다.

"치유의 꿈. 꿈을 찾은 것은 처음이에요!"

호루는 상기된 얼굴로 노란 색연필로 위 구절을 감싸듯이 하면
서 뭔가를 그렸다. 영락없이 노란 새 모습이었다. 나는 "빅버드군
요!"라고 했다. 호루는 미소를 머금었다.

잠시 눈을 감고 복식 호흡을 열 번 정도 하면서 온몸을 이완

꿈을 찾은 것은 처음이에요

하게 했다. 그다음 다음의 멘트를 들려주었다.

지금 나는 똬리를 만들었습니다. 이제, 내 마음의 똬리를
만들고, 그 위에 마음의 짐을 놓으려고 합니다. 내 마음의
똬리는 빅버드의 힘으로 만들어졌습니다. 그리고 내 마
음의 짐은 치유의 꿈입니다. 이 짐은 그냥 내가 머리에 이
고 있기에는 너무나 힘이 들지만, 똬리를 놓고 일 때는 훨
씬 수월하고 아프지 않습니다. 내 마음의 똬리는 내 아픔
을 극복하게 하고, 잘 견뎌내게 합니다. 내 마음의 빅버
드의 힘으로 만든 똬리에 나는 치유의 꿈이라는 짐을 올
려 놓습니다. … 나는 이렇게 내 마음의 짐인 치유의 꿈
을 인 채로 걸어가고 있습니다. 삶의 길을 걸어가고 있지
만, 빅버드의 힘으로 만든 똬리로 인해 균형을 잘 유지하
고 아프지 않습니다. 잘 버텨내고 있습니다. 지금, 어떤 느
낌이 드는지 고스란히 느껴보시기 바랍니다. … … 자, 이
제 나는 언제나 내 마음의 똬리를 가지고 가야할 순간까
지 이렇게 가고 있을 것입니다. 어떤 느낌이 드는지 그대
로 느껴보시기 바랍니다. … … 이제, 세 번을 세면 지금,
현재로 돌아오시면 됩니다. 하나, 둘, 셋!

호루한테 눈을 뜨고 체험한 것을 말해보자고 했다.

불안장애를 극복한 호루 이야기

"머리에 다라이를 짊어지고 갔는데 빅버드가 그것을 내려서 들고 춤을 춰요. 즐겁고 신납니다. 저는 현실주의자이거든요. 그런데 꿈을 가지게 되었어요!"

호루가 신난 표정으로 환하게 웃으면서 말했다.

다음 주까지 해올 마음의 빛 과제를 제시했다.

첫째, 돌멩이를 3분간 들여다보고 떠오르는 것 한 줄 이상 적어오기

둘째, 마음의 빛을 메시지를 아침에 눈뜨자마자 떠올려서 적기-매일

셋째, 활짝이 새의 메시지를 자기 전에 떠올려서 적기-매일

넷째, 하루 한 번 나 자신을 칭찬해서 적기-매일

다섯째, 지난 5회기 때 했던 부채의 이름인 〈열정〉이라는 단어를 떠올리기. '열정' 부채를 부치면서 '긍정'의 바람이 일어나는 것을 상상하면서 가을하늘, 내가 하고 싶은 일과 심리적 독립을 함께 떠올릴 것. 매일 낮 동안 한 번 이상 떠올리기.

꿈을 찾은 것은 처음이에요

이번 회기 참여 소감과 함께 지금까지 진행하면서 변화가 느껴진 것이 있는지 물어보았다.

"마음이 단단해집니다. 전에는 점쟁이, 미신적인 걸 종종 생각했는데 시아님이 말씀해주신 대로 그건 '순 엉터리'라고 생각해요. 지금은 머릿속이 하얗습니다. 항상 프로그램을 마치면 그래요. 나쁜 게 아니라 좋은 의미입니다. 무념 상태입니다. 그러다가 운전하고 가면서 곰곰이 생각해요. 지금은 생각이 비워졌어요. 잡생각이 없어졌어요."

이렇게 말을 남기고 호루가 치료실 문을 나섰다.

여덟 번째 만남

그리움은 길어지겠지요

호루는 밝은 표정으로 과제 노트부터 꺼냈다.

8. 30. 마음의 빛-"무리하지 말아." 하얀빛. 활짝이-"첫날 수고했어. 푹 쉬어". 칭찬-"오늘 무리 없는 하루 끝내서 축하해요." / 8월 31일. 마음의 빛-"부담감을 줄여" 하얀빛. 활짝이-"시간에 너무 얽매이지 말고 여유롭게", 칭찬-"장애 없이 무난하게 살아줘서 고마워요." / 9월 1일. 마음의 빛-"여유로운 마음으로". 활짝이-"적응 잘하고 있어" 하늘을 빙빙 날면서 빅버드의 모습으로. 칭찬-"폼롤러 아침과 저녁 잊지 않고 실시해서 칭찬해." / 9월 2일. 마음의 빛-"무리하지 않게". 활짝이-"Come down. Come down" 빅버드 종종걸음으로 뛰어 다니면서. 칭찬-"활동 지원사 근로계약서 작성하고 공식적으로 시작된 것 축하해." / 9월 3일. 마음의 빛-"하다보면 요령이 생겨." 활짝이-"수고

그리움은 길어지겠지요

했어. 토요일은 푹 쉬어." 칭찬-"9월 첫 주 스케줄 계획대
로 실행한 것 잘했어요."

돌멩이 바라보고 느낀 점. 9월 3일. 점심 먹은 후 시간을
내어 이틀 전에 아파트 화단에서 주워온 돌멩이를 바라
본다. 돌멩이한테 아픔이 느껴져 왔다. 특정 용도를 위해
인위적으로 파쇄되어 뾰족뾰족한 모난 돌이었다. 글을 쓰
는 도중에도 이리저리 만져보는데 돌이 나에게 말을 한
다. "날 데려왔으면 티브이 앞에 방치하지 말고 알맞은 자
리를 찾아줘." 그 이야기를 듣고 베란다에 있는 다육이
화분에 위치를 찾아주었다.

"돌멩이와 대화를 나눌 수준이 되었군요. 축하합니다. 이제 도
인이 다 되셨어요!"
　웃으면서 나는 과제 공책에 별표 다섯 개를 해주었다. 호루가
말했다.

"돌의 느낌은 아프게 느껴졌어요. 땅에 박힌 것을 가지고 왔거
든요. 화분에 놓으니 편안한 느낌이 들었어요."
　그러면서 얘기를 털어놓았다. 장애인 활동 보조사로 일하면서
만난 분에 대해서였다. 심신 장애인으로서의 특징을 골고루 가진

불안장애를 극복한 호루 이야기

분이라고 했다. 깊이 생각하지 않고 함부로 툭툭 내뱉는 말도 그렇고 자기 자신의 이익만 노리는 성깔도 그렇다고 했다.

"그런 분을 만나셨군요. 힘들겠지만, '치유의 꿈'을 이루기 위한 탁월한 과정이라고도 볼 수 있을 것 같은데 어떠신가요?"
내 말에 호루는 고개를 끄덕였다.

"그렇긴 해요. 맞아요. 치유의 꿈을 위한 아주 좋은 기회라는 것은 분명한 사실입니다. 그게 바로 지금 제가 하고 있는 일의 의미가 되겠군요. 며칠 동안 품었던 고민이 해결되었어요!"
호루는 납득이 간다는 얼굴로 환하게 웃었다. 그렇지만 당연히 힘들 것이다. 삶이라는 전쟁터에서 자신만이 희생당한 것처럼 여겨진다면, 타인을 보는 시선이 곱지 않을 것이다. 특히 정상인을 향한 엄청난 시기가 발동해서 가까이 있는 이들을 공격하기도 할 것이다. 그 날카로운 언행을 감당한다는 것은 쉽지 않은 일이다. 이를 꽉 깨문 각오로 임해도 힘들기는 매한가지일 것이다. 현장에서 그 일을 마주할 때마다 쏟아지는 스트레스가 만만치 않으리라. 일의 의미를 부여한 것은 그렇다고 하더라도 쉽게 포기하지 않고 견뎌내어 보자는 뜻에서였다. 사실, 호루가 정한 '치유의 꿈'은 꽃길이 아니다. 엄청난 진흙과 가시와 돌길을 걸어야한다. 지금 겪는 이 시기가 '치유의 꿈'을 위한 길 초입에 들어선 것일지도 모른다.

그리움은 길어지겠지요

이번 회기의 심상 시치료로 '상여 소리'를 준비했다. 인간이 가지는 가장 큰 불안과 두려움이 바로 '죽음'이다. 그 죽음을 피하기 위해 갖은 애를 쓴다. 하지만 아무리 피해가려고 발버둥을 쳐도 당연한 순리처럼 죽음을 맞이할 수밖에 없다. 우리는 흔히 초상집에서 소리내어 운다. 마치 자신은 죽지 않을 것처럼 보이나 먼저 가고 나중에 갈 뿐, 누구나 죽음을 맞이한다. 얼마나 놀라운 진리인가! 늘 호루한테 따라다녔던 '불안'의 가장 최고봉인 '죽음'을 이제 적나라하게 마주할 때가 되었다. 우리는 함께 죽음을 정면으로 마주쳐서 통과할 예정이다. 호루에게 유튜브로 상여 소리를 들려주었다. 3분 정도 소리를 듣게 하고, 이 소리를 들어본 적이 있는지 물어보았다.

"어렸을 때요. 초등학교 6학년 때, 외할아버지가 돌아가셨거든요. 그냥 보통의 느낌입니다. 죽음에 대해 두 가지를 생각해요. 하나는 자연의 흐름인 거예요. 마구 슬프지는 않아요. 두 번째는 이런 일을 하면 정신 차리고 해야 해요. 산 사람은 살아야 하니까요. 그래서 평정심이 유지됩니다. 눈물 하나 안 흘리냐? 하고 주위에서는 묻더군요. 제가 평온하니까요."

다음으로 상여 노래가 적힌 종이를 건네주면서 호루가 직접 낭송하게 했다.

불안장애를 극복한 호루 이야기

〈상여 노래〉

경상북도 울릉군 울릉읍 도동리에서 전해 내려오는 상여
를 메고 부르는 노래

어허 어어어 어리넘자 어허어 / 저승길이 멀대해도 삽작
밖이 황천이요 / 어허 어어어 어리넘자 어허어 / 서른서이
상도군아 발을 마차 소리하소 / 어허 어어어 어리넘자 어
허어 / 좁은질도 널리잡아 질도없이라 넘어간다 / 어허 어
어어 어리넘자 어허어 / 간다간다 나는간다 저승길에 나
는가네 / 어허 어어어 어리넘자 어허어 / 황천길이 머다해
도 북망산천이 황천인가 / 어허 어어어 어리넘자 어허어 /
커는허는 가거만은 뒷동산을 도디밟아 / 어허 어어어 어
리넘자 어허어 / 황천길이 낮이런가 조상을랑 밥을 삼고
/ 어허 어어어 어리넘자 어허어 / 금잔딜랑 옷을 삼고 돌
개미야 벗을 삼아 / 어허 어어어 어리넘자 어허어 / 황장
목은 울을 삼고 금잔디는 벗을 삼아 / 어허 어어어 어리
넘자 어허어 / 옷이 없어 못오거든 상포치옷을 도라오소
/ 어허 어어어 어리넘자 어허어 / 신이 없어 못오거든 상주
치옷을 도라오소 / 어허 어어어 어리넘자 어허어 / 짚이

그리움은 길어지겠지요

없어 못오거든 상주짚이를 도라오소 / 어허 어어어 어리
넘자 어허어.

노래의 첫 줄, '저승길이 멀다고 해도 삽작 밖이 황천이요'에 대
한 느낌이 어떤지 물어보았다. 호루는 삶과 죽음은 종이 한 장 차
이며, 태어나는 것은 죽음으로 가는 것이니까 허망하게 갈 수도
있고, 멀 수도 있고, 문 앞일 수도 있다고 했다. 멀다는 것은 오래
산다는 것도 아니고, 수명은 짧은 것도 아니라는 의미도 되지 않
나, 하고 생각한다고 했다. 그리고 덧붙여 말했다.

"그리움은 길어지겠지요. 죽었어도 남아있는 것이 그리움이니
까요. 살아있는 사람한테는 문밖을 넘은 게 아닙니다. 여러 가지
감정이 들거든요. 그리움이든 증오든. 살아있는 사람의 마음의 기
준이 문인 것 같습니다. 산 사람은 살아야 하니까요. 살아서도 고
통스러운 사람이 있으니 연민이 느껴집니다. 돌아가신 분을 고이
보내주고 추모해야 하는데 살아있는 사람은 못 보내주려고만 합니
다. 모두 죄책감을 갖고 사니까요."
호루는 애매모호하고 혼란하게 말을 이어갔다. 멀다는 것이 오
래 산다는 것이 아니고, 수명도 짧은 것도 아니라는 말은 도대체
어떤 의미일까? 살아있는 사람이 못 보내준다는 것은 또 어떤 말
인지? 그래서 모두 죄책감을 갖는다는 것은? 사람에 따라서는 그

불안장애를 극복한 호루 이야기

런 경우가 있을 수도 있겠지만, 모든 이들이 그렇지는 않을 것이 아니냐고 했다. 모든 이가 죄책감을 갖는 것도 아니고, 모두 추모하지 않는 것도 아닐 거라고 했다. 그저 마음에 일어나는 자연스러운 감정을 있는 그대로 표출하는 것이 중요할 것이다. 보내주고 못 보내주는 것이 아니라 섭리를 그대로 받아들이는 것이 자연스러울 것이다. 내가 간추려서 하는 말에 호루는 고개를 끄덕이면서 말했다.

"제가 감정 표출을 안 하려고 하니까 슬픔을 어떻게 해야 할지 몰라서 안 하는 것 같아요. 억압하지 않고 감정 응어리가 남아 있지 않으면 편해질 것 같습니다."

호루는 자신의 감정이 '평온'이 아니라 자연스럽게 표출하지 않은 것이라고 고쳐 말했다. 불안하고 두려워서 자신의 감정을 인정하지 않았던 거라고 했다. 솔직하게 자신을 들여다볼 용기를 낸 호루한테 박수를 보냈다.

이번에는 내가 나한테 하는 장례식을 할 차례라고 했다. 미리 준비한 관을 꺼냈다. 종이 인형이 들어갈 정도의 나무 관이다. 죽고난 후 영혼의 상태로 자신의 장례식을 지켜볼 것이라고 알렸다. 죽기 직전, 삶의 마지막에 이른 내가 지금, 현재의 나에게 들려주는 메시지를 적게 했다. 호루는 이렇게 썼다.

그리움은 길어지겠지요

'호루야, 지금 많은 변화를 주려고 하고 있을 거야. 너무 안절부절하지 말고 시간이 흐르는 대로 맡겨. 그리고 지금 만나는 사람들 하나하나가 네 운명을 바른길로 인도해줄 사람들이야. 부정에 휩쓸리지 말고 매 순간 감사하는 마음을 가지면 지금처럼 편히 눈 감을 수 있어.'

이 메시지를 직접 소리 내어 읽도록 했다. 임종을 앞둔 내가 과거의 장년 시절의 나에게 들려주듯이 읽어보자고 했다. 호루는 훗날, 죽음을 앞둔 자신이 되어 지금의 자신에게 꼭 해야 할 말을 전했다.

그리고 나서 호루가 직접 종이 인형을 관 안으로 넣어보게 했다. 호루는 천천히 관 두껑을 열고 자신을 상징하는 종이 인형을 그 안에 넣었다. 다 끝난 다음 나는 하얀 티슈를 한 장 꺼내어 덮었다. 호루한테 지금, 현재, 이 순간의 느낌을 말해보자고 했다.

"편하게 자고 있는 것 같아요. 내 영혼이 하늘의 별이 되어서 지구를 바라보고 있을 것 같아요. 사람이 죽으면 각자 별이 될 것 같아요. 감사할 사람이 살아있으면 그쪽을 향해 빛을 비출 것 같아요."

너무나 시적인 아름다운 표현이었다. 조금 더 직접적인 질문을 했다. 죽는다면 어떨 것 같은지 물어보았다.

"후회나 여한이 없을 것 같아요. 정말로 편히 잘 것 같아요."
호루는 담담한 표정으로 말했다. 죽을 것 같이 정말 두렵고 힘들 때는 어땠는지 물어보았다. 호루는 이렇게 답했다.

"두려운 것보다 잠을 못 자서요. 불면증으로 고통스러우니까 밖으로 뛰어내리고 싶은 충동이 있었어요. 불안발작 이전에요. 대학교 나오고 나서 다른 쪽 일을 경험하다가 그 일이 없어진 이후 불안, 불면, 우울이 왔어요. 그해 6월에서 다음 해 12월까지 처음으로 정신과 약을 먹었어요. 아예 못 자다가 새벽 6시에 2시간을 자고 일어나거나 혹은 아침 8시에 잠들어서 3시간 정도 자고 일어나고 그랬어요. 잠을 못 자니까 고통스러웠어요. 몸도 피곤하고 눈이 아프고. 머리에서 뭔가 올라오는 기운이 있었어요. 그래서 스스로 머리를 때리기도 하고요. 정신과에서 처방받아서 우울증, 수면제를 먹었어요. 일년 반 동안요. 잠을 억지로 잤는데 자고 일어나면 멍해져 있고요. 우울증 약이 기운을 다운시켜서 생활이 안 되더군요. 외래치료를 다녔는데, 그때 약을 처음 먹었고 그러다가 일이 생기면서 괜찮아져서 의사의 말이 아니라 그냥 제가 약을 안 먹기 시작했어요. 설계 일을 하면서 나아졌어요. 일부러 인력개발원 기숙사에 들어갔어요. 거기에서 금형 관련 자격증을 땄어요.

그리움은 길어지겠지요

다른 데 집중을 하니 나아지더군요. 약을 두 번째 복용한 것은 첫 번째 회사 퇴사 후 12월부터 그 다음 해 2월까지입니다. 우울도 있었고, 또 수면 문제가 있었어요. 여러 일 때문에요. 병원에서는 별 말이 없고 힘들면 오라고 했어요. 저더러 충분히 조절할 수 있다고 하더라고요. 그래서 같은 병원에 계속 갔었어요. 화가 많았는데 수개월이 지나니까 마음이 풀렸어요. 그만두었을 때 설계전문 사업실에 들어가기로 해서, 그렇게 하고 싶은 일이 되면서 풀렸어요. 제가 원래 미래에 대해 불확실한 마음이 들면 불안해지는 경향이 있어요. 5년 후, 8월에서 12월까지 세 번째로 약을 먹었어요. 항불안제, 우울, 수면, 진정제를 먹었어요. 다니던 병원 의사가 폐업을 해서 다른 병원에 갔어요. 그 전에 전조 증상이 있었습니다. 같이 일하던 사람들이 뿔뿔이 흩어지면서 앞으로 뭐하고 살지? 상처 받아서 못할 것 같은데⋯ 어디서 일해야 하나, 이런 생각들 때문에요."

호루가 정신과 약을 복용했던 몇 번의 경험, 또 스스로 끊은 경험을 이토록 자세히 얘기한 것은 처음이었다. 대략 10년에 걸쳐 26개월 정도 약을 먹은 셈이었다. 지금은 세 번째로 약을 중단한 채였다. 차라리 죽는 게 낫지 괴로운 것, 앞날에 대해 불안한 것은 참을 수 없어! 라고 호루의 지르는 들리지 않는 고함 소리가 들려오는 듯했다.

불안장애를 극복한 호루 이야기

나는 잘랄루딘 루미의 '여인숙'이라는 시를 보여주었다. 시를 호루가 직접 낭송해보도록 했다.

여인숙

– 잘랄루딘 루미

인간이라는 존재는 여인숙과 같다.
매일 아침 새로운 손님이 도착한다.

기쁨, 절망, 슬픔
그리고 약간의 순간적인 깨달음 등이
기대하지 않았던 방문객처럼 찾아온다.

그 모두를 환영하고 맞아들여라.
설령 그들이 슬픔의 군중이어서
그대의 집을 난폭하게 쓸어가 버리고
가구들을 몽땅 내가더라도.

그리움은 길어지겠지요

그렇다 해도 각각의 손님을 존중하라.
그들은 어떤 새로운 기쁨을 주기 위해
그대를 청소하는 것인지도 모르니까.

어두운 생각, 부끄러움, 후회
그들은 문에서 웃으며 맞으라.
그리고 그들은 안으로 초대하라.

누가 들어오든 감사하게 여겨라.
왜냐하면 모든 손님은 저 멀리에서 보낸
안내자들이니까.

시에 나오는 대로 살다보면 때때로 기쁨도 절망도 슬픔도 느낄
수 있다. 기쁨과 즐거움은 내가 원하는 감정이지만, 절망을 포함
한 부정적인 감정은 내가 원했던 것이 아니다. 그런데도 기대하지
않는 방문객처럼 그런 감정들이 밀려온다. 그것도 하나의 감정이
아니라 떼거리로 몰려와 난폭하게 나를 쓸어내버리곤 한다. 가구
를 몽땅 내가고 쑥대밭으로 만들어버리기도 한다. 원하지 않은 그
감정들이 나를 휘감아대는 것을 도대체 어떻게 하겠는가. 13세기
페르시아 신비주의 시인 잘랄루딘 루미는 이렇게 말한다. 부정적
인 감정과 생각을 웃으면서 맞이하라고. 그들은 안으로 초대하라

고. 그 모든 감정들은 저 멀리 누군가가 보낸 안내자들이라고. 이들은 주인이 아니라 '손님'일 뿐이라고. 그러면 나는 누구인가? 나는 주인이다. 감정들이 묵어가는 여인숙의 주인이다. 손님은 결코 주인이 될 수 없다. 잘 맞이하고 묵게 하면 스스로 알아서 떠나간다. 마중하고 배웅하는 역할을 잘 하면 손님은 만족한 듯이 행장을 꾸려 사라진다. 이 손님들은 거저 오는 것이 아니다. 저 멀리에서 누가 이 불편하기 짝이 없는 감정을 보냈을까? 이 손님들을 하필이면 왜 '안내자'라고 했을까? 그 비밀은 '극복' 속에 있다. 부정적인 감정을 잘 주무르는 법을 스스로 터득하게 되면, 내공이 쌓이게 된다. 안으로 차오르는 단단한 기운은 바로 영혼의 성숙을 뜻한다. 곱게 아무 고생 없이 자란 이들은 결코 갖지 못하는 것이 바로 내공이다. 고통이 있어야 성숙이 온다. 그러니 부정적인 여러 감정들, 위기들, 스트레스원들은 바로 나를 성장시키기 위한 신의 계획이다.

"부정적인 감정들은 곧 내가 아닙니다. 한번 생각해볼까요? 그 감정들은 다만 손님일 뿐입니다. 언제 올지 모르지만, 왔다가 자신의 볼일에 따라 가버리지요. 나는 주인입니다. 원하지 않아도 찾아오는 손님인 감정을 웃으면서 맞이하고, 그 감정이 잘 머물렀다가 떠나갈 수 있도록 지켜보면 됩니다. 이 시에서처럼 어두운 생각이나 부끄러움, 후회 같은 생각조차도 웃으면서 안으로 초대해볼까요? 사실은 알고 보면, 이 모든 손님들은 저 멀리 내가 알 수 없는 차원에서 위대한 존재가 성찰을 위해 보낸 안내자일 수도 있으니까요."

나는 이렇게 말한 다음 호루한테 이렇게 써보자고 했다.

내 인생의 주인공은 나다.
매사에 모든 일은 그 자체로 감사합니다.

이렇게 쓰고나서 소리 내어서 읽어보자고 했다.

"감사합니다. 살다 보면, 내가 생각하는 대로 되지 않아서 그러면서 불안하고 안절부절하는 게 있었습니다. 그것마저 감사하게 생각하면 매 순간을 운명이 결정해 줄 것이라는 생각이 듭니다. 이제까지 그래왔던 것처럼요. 만화도, 금형 일도 기적이라고 할 수 있어요. 원래 나이가 30이 넘으면 잘 안 받아주는데 금형에서 30대인 나를 받아줬거든요. 지금 선생님을 만나서 심리치료하는 인연도 그렇고요. 운명이 닿지 않으면 만날 수 없으니까요. 지금 제가 하고 있는 일도 이렇게 자연스럽게 인연이 이어져서 감사하고요. 모든 것이 감사합니다."

여유있는 편안한 표정으로 차분하게 호루가 말했다.

다음 주까지 해올 마음의 빛 과제를 제시했다.

불안장애를 극복한 호루 이야기

첫째, 마음의 빛을 메시지를 아침에 눈뜨자마자 떠올려서 적기-매일하기

둘째, 활짝이 새의 메시지를 자기 전에 떠올려서 적기-매일하기

셋째, 하루 한 번 감사한 것 적기(부정에도 감사하기)-매일하기

넷째, 지난 5회기 때 했던 부채의 이름인 <열정>이라는 단어를 떠올리기. '열정' 부채를 부치면서 '긍정'의 바람이 일어나는 것을 상상하면서 가을하늘, 내가 하고 싶은 일과 심리적 독립을 함께 떠올릴 것. 매일 낮 동안 한 번 이상 떠올리기.

이번 회기 참여 소감을 묻자, 호루는 환한 얼굴로 말했다.

"매사에 감사할 부분이 정말로 생기겠군요!"

아홉 번째 만남

그만 와도 돼

호루는 지친듯한 표정으로 들어섰다. 뭔가 단단히 얘기할 거리가 있다는 듯 얘기를 꺼내기 시작했다.

"활동 지원 일, 공부에다가 어제 엄마 일까지 여러 일들이 있었어요. 목요일 시장으로 이동 지원을 갔거든요. 이용자 차로 일을 다 보고 나서 가려는데 주차장에서 시동이 안 걸리는 거예요. 지하주차장으로 이용자를 불러내었지요. 시동이 걸리지 않는다고 설명했더니 긴급 출동을 부르라고 했어요. 그렇게 담당자가 오더니 P자 안에 주차 안 해서 그렇다고 하는 거예요. 그 말대로 다시 그렇게 하니 시동이 걸렸어요. 그랬는데 출동 담당자가 가고 나서 다시 시동이 안 걸리는 거예요. 사이드브레이크를 하고 시동 거니까 되고, 그러다가 리프트하기 위해서 내렸는데 차가 뒤로 가는 거예요. 이용자가 고함을 질러서 황급히 타서 브레이크를 밟는다는 것이 당황해서 액셀러레이트를 밟았어요. 그래도 다행히 차가 앞

그만 와도 돼

으로 나가지 않았어요. 자세히 보니까 기어가 고장난 거였어요. 그래서 고치러 차를 보냈어요. 거기서 고장나서 다행이라고 생각했어요. 그렇게 하고 나서 아래쪽 천변에 갔는데 이용자가 처음 와본다고 그랬어요. 그래서 혼자서 마음대로 못 다니는구나, 하고 생각하면서 제약이 있구나, 그런 생각을 했어요. 그리고 어제 금요일에 이용자 식사 담당하시는 분하고 이용자 분과 모두 외부로 식사하러 갔어요. 고치려고 맡기는 바람에 차가 없어서 이동지원 택시로 갔어요. 비가 오더군요. 밖에서 식사하려고 했는데, 거기가 가정집을 개조한 식당이라서 휠체어 타고 들어갈 수가 없었어요. 밖에 우산을 받치고 식사를 하려고 하니 주인이 그러면 집에 오는 사람들이 뭐라고 하겠냐며 안된대요. 그래서 아래쪽 마당 평상에서 드셨어요. 가리개가 있는 곳이어서요. 이모와 저는 안에서 먹고요. 장애인이어서 제약이 많구나, 하고 생각했어요. 사람들 시선도 있고 눈치를 봐야 하는구나, 그런 생각요. 금요일 오후에 이용자 안약을 대리 처방하러 가려고 했는데 재직증명서… 그런 서류를 가져와야 한다고 해서 포기하고, 차를 찾아오면서 이용자와 함께 갔어요. 차의 리프트를 내려야 하는데 인도 올라갈 때 턱 없는 곳이 신호등이 있는 곳밖에 없어서 거기서 내렸어요. 퇴근 시간이어서 뒤에서는 버스가 빵빵거리고 눈치 보면서 내렸는데 돌아서 다른 곳에 있을까 했지만, 다른 곳이 없어서 골목에 차를 대고는 그렇게 막고 있었어요. 10분간요. 정책적인 문제라고 생각했어요.

불안장애를 극복한 호루 이야기

장애인용으로 정차할 곳이 충분했으면 좋겠다는 생각을 했어요.”

호루는 다른 회기 때와 달리 과제 공책을 꺼내기 전에 일주일 간의 삶을 털어놓았다.

“어제 엄마가 오셨는데 월, 목도 오셨는데 금요일에 오니까 열 받는 거예요. 두어 번 오라고 했는데 또 오니까요. 퇴근해서 두 과목 들어야지, 생각하고 있는데 계획해서 안 되면 저는 스팀이 올라오거든요. 집중할 때 누가 있으면 방해가 되고요. 엄마는 티브이를 틀어 놓으니까요. 빨래를 돌리면서 얘기했어요. 저번에 말했는데 왜 왔냐고 하니까 엄마가 알았다. 그리고 나는 내 방으로 가고. 엄마가 조금 후 나가시는 거예요. 기분이 안 좋으면서 찝찝했어요. 조심히 가시라고 했어요. 나중에 도착할 시간에 전화해서 엄마 잘 도착했냐고 했어요. 엄마가 갈 데가 없어서 그런다, 그러시는데 그냥 듣고 있었어요. 방학 내내 스트레스가 쌓였거든요. 특별한 말을 하지 않았고요. 엄마가 이해를 잘 못하시는 것 같았어요.”

어머니한테 정확하게 의사 표현을 했는지 물어보았다. 호루는,

“그렇다고 여기에서 있었던 일을 말할 수는 없잖아요?”

라고 했다. 엄마가 자주 오지 않기를 바라는 이유는 집중이 안 된다는 것 말고 또 다른 이유가 있는지 물어보았다. 호루는 그렇다고 하면서 이렇게 말했다.

그만 와도 돼

"이 나이 먹고 나는 정상적이지 않다는 거기에 대한 스트레스 예요."

어머니한테서 심리적 독립은 쉽지 않은 노릇이었다. 이제껏 호루는 매사 일어난 갖가지 일들을 모조리 어머니한테 말해왔다. 어디로 이동하고, 어디에 도착했다는 것까지 다 얘기해왔다. 여자친구와 약속을 해서 만나고 헤어지는 시간까지 말할 정도였다. 아주 어릴 때부터 호루한테 어머니는 아버지에 대한 원한, 부정적인 감정을 토해내왔다. 호루가 선택한 엄마 종이인형처럼 호루한테 어머니란 존재는 거인이 되어 버렸다. 이 비정상적인 애착관계를 매끄럽고 자연스럽게 조정할 수 있을까? 어머니가 마치 자신의 집처럼 호루의 집에 자주 드나드는 것부터 자제하도록 해보자고 권유했지만, 그게 쉬울 리가 없었다. 어머니는 어머니대로 별안간 내 아들이 왜 이러나? 하고 의아스럽게 여길 것이다. 오랜 세월 동안 세뇌하다시피 남편에 대한 욕을 해댔던 탓에 호루의 머리 위에 먹구름이 늘 머물러있다는 것을 어머니는 생각하지도 못할 것이다. 그저 마음이 가는대로 익숙한 형태로 살아왔던 것이다. 어머니는 아들의 불안이 자신의 영향때문이라고는 꿈에도 생각하지 못할 게 뻔했다.

호루는 어쨌든 이제야 인식하게 된 것이다. 어머니로부터 심리적인 독립이 절실하다는 사실을 깨닫게 된 것인데, 어쩌면 그것에 대한 불안이 엄습한 것은 아닐까?

어머니로부터 심리적인 독립을 해야 해. 그렇지 않으면 나는 계속 정신이 병들어 있을 거야. 그런데 어머니는 협조를 안 하네? 혹시 어머니는 갑자기 내가 요청하는 바람에 화가 났을까? 그러면 어쩌지? 어쩌면 호루한테 이런 생각들이 돌고 도는지도 모를 일이다. 벗어나고 싶지만, 쉽게 벗어나지 못하게 되는 감정의 회오리가 자꾸만 앞을 가로막고 있을 것이라고 짐작해본다. 어쨌든 좀 더 박차를 가할 필요가 있었다. 어머니로부터 심리적 독립을 해야겠다는 생각이 전혀 그럴 의사가 없었는데 억지로 치료사가 주입한 것처럼 느껴지는지 물었다.

"아닙니다. 내가 아직 어떤 생각으로 정리해서 엄마의 마음을 다치지 않게 말할 수 있는 적당한 말을 찾지 못해서가 맞겠습니다."

호루가 답했다. 나는 공책 앞부분을 찾아보자고 했다. 지난 6회기 때 적은 글을 다시 읽어보게 했다.

"엄마, 그만 와도 돼. 나도 내 생활을 해야 해!"

호루는 고개를 끄덕이면서 말했다.

"네, 간단하게 이렇게 말하면 되는데… 제가 자꾸만 엄마한테 감정을 몰입하고 있었어요. 물리적인 것이 아니라 마음의 독립이 필요하겠습니다. 엄마의 감정에 너무 맞춰서 힘들어하지 않아야겠어요. 그저 흘러가는 대로 두겠습니다."

나는 지난 일주일간의 삶을 한 단어로 나타내보자고 했다. 호루는 '피곤'이라고 했다. 일 때문에 그리고 엄마 때문에 그렇다는 거였다. 나는 호루가 지금 하고 있는 에너지의 분배를 물어보았다. 활동 지원 일이 80%, 공부가 20%라고 했다. 사실, 이번 주는 정신적으로 피곤하지는 않았다고 했다. 이용자가 말하면 그런가 보다 하고 넘겼다고 했다. 이용자의 성격이 워낙 급하니까 그동안 시키는 대로 해왔다고 했다. 그런데 이제는 이용자가 뭔가를 말하면 먼저 할 것에 대한 순서를 정해달라고 하고 나머지는 천천히 하면 되는 요령이 생겼다고 했다. 최근에는 이용자가 아들과의 갈등이 있는 것을 봤다고 했다. 아들도 활동 지원사인데 다른 곳에 나가서 하고 있고, 그렇게 돈을 버니까 이용자가 아들한테 생활비를 내놔, 라고 했다는 거였다. 호루한테도 자신의 편을 들어달라고 해서 호루는 그러지 못하겠다고 하고 중립을 지켰다고 했다.

호루는 과제 공책을 내밀었다.

9월 5일. 마음빛: "오늘은 푹 쉬어!" 활짝이: "결국 쉬지 못했네, 그냥 게을러져도 좋아"(앉아 있으면서 한숨 쉬면서) 감사: "학과 비대면 워크샵 잊지 않고 실행한 것 잘

불안장애를 극복한 호루 이야기

했어요." / 9월 6일. 마음빛은 늦잠자서 출근 때문에 하지 못함. 2. 활짝이. "시간에 쫓기지 말아. 그냥 흘러가는 대로 의미있지 않을까?" 감사: "오늘 일하면서 화나지 않고 평온 상태 유지한 것 잘했어요." / 9월 7일. 마음빛: "천천히" 활짝이: "체력조절해, 너무 피로해보여." 감사: "손톱깎이로 손톱손질 한 일 잘했어요." / 9월 8일. 마음빛: "계획을 망쳐도 좋아." 활짝이: "피곤하면 곤히 낮잠을 자." 칭찬: "아침 저녁으로 스트레칭 한 것 잘했어요." / 9월 10일. 마음빛: "낮잠을 자도록 해." 활짝이: "거절할 것은 거절해!" 칭찬: "오늘 이용자 이발 처음한 것 잘했어요." / 9월 11일. 마음빛: 메시지 없음. 활짝이: "전화위복으로 잘 배웠어." 칭찬: "긴급사항이나 실수에도 칭찬한 것 잘했어요." / 9월 12일. 마음의 빛: "내일은 푹 늦잠을 자." 활짝이: "come down. come down" 칭찬: "오랫만에 대중교통 여행 잘 했어요."

"9월 6일은 손톱 손질을 했는데 손톱깎이로요. 6년 만에 그렇게 했어요. 이뻐요."라며 호루가 손톱을 내밀었다. 전에 물들였던 봉선화 흔적이 아직 남아있었다. 호루는 이제 신기하게도 손톱을 물어뜯지 않는다고 하며 웃었다. 아무리 스트레스가 많고 피곤해도 손톱을 입으로 가져가지 않게 되었다고 했다. 나는 9월 6일에

그만 와도 돼

스스로한 칭찬에 밑줄을 긋고 별을 다섯 개 그려주었다.

9월 10일에 한 '거절할 것은 거절해!'는 이용자가 벌초하자고 해서 호루가 풀옆에 가면 두드러기가 난다며 거절했다고 한다. 또 사실 그런 일이 활동 지원사 일은 아니어서 자꾸 해달라고 하면 그만두려고까지 생각했다. 다행하게도 이용자가 다음 날은 안 가기로 했다고 해서 넘어갔다. 부채의 바람 이미지를 떠올리면서 긍정과 청명한 가을하늘과 하고 싶은 일, 마음의 독립을 떠올리며 '열정'이라는 단어를 기억하는 것은 하루 한 번 이상 매일 했다고 호루가 말했다.

나는 원래 제시한 과제는 '감사한 것 적어오기'였다고 알려주었다. 감사를 적으면서 긍정뿐만 아니라 부정에도 감사하면서 적어오면 되는 것이라고 했다. 그런데 호루가 해온 과제는 '칭찬'이라는 것을 가리켰다. 호루는 헷갈렸다고 했다. 그러니까 사흘은 '감사'라고 제목을 적고 '칭찬'을 한 거였다. 그 다음에는 아예 칭찬이라고 제목까지 달고 칭찬만 해왔다고 했다. 이렇게 헷갈릴 정도로 스트레스가 쌓이는 한주였을 거라는 짐작이 갔다. 호루는 다음부터는 잘 해오겠다고 약속했다.

이번 회기에 준비한 심상 시치료는 '골무'였다. '골무'에 대한 느낌 혹은 생각을 물어보았다. 호루는 중학교 가정 시간이 생각나는데, 그때 골무 직접 껴봤다고 했다. 그런 추억 말고 별다른 느낌은

불안장애를 극복한 호루 이야기

없다고 했다. 호루한테 A4용지 한 장을 건넸다. 그 종이를 반으로 접게 했다. 왼쪽에는 왼손. 오른쪽에는 오른손을 그려보자고 했다. 호루는 먼저 왼쪽 면에 왼손을 갖다 대고 오른손으로 본을 떴다. 다음으로 오른쪽에는 오른손을 갖다 대고 왼손을 사용해서 본을 떴다. 그렇게 그려서 양손 그림을 완성했다. 이제는 손가락마다 골무를 씌워보자고 했다. 그리고 펼쳐서 골무에 대한 에너지를 뜻하는 단어를 적게 했다. 호루는 '꿈'이라고 적었다.

다음으로 그린 골무를 쓴 손 그림 위에 양 손을 올려놓고 '미안합니다'라는 말을 각 손가락마다 한 번씩 하게 했다. 호루는 오른쪽 엄지 손가락부터 차례로 말하기 시작했다. 다음으로 왼쪽도 마저 했다.

엄지 손가락 미안합니다.
집게 손가락 미안합니다.
중지 손가락 미안합니다.
약지 손가락 미안합니다.
새끼 손가락 미안합니다.

이제는 우주의 에너지와 마음을 합한 채로 지금 열 손가락에 씌운 골무의 에너지인 '꿈'한테 '감사합니다'라고 해보자고 했다. 지난 7회기 때 찾아낸 '치유의 꿈'을 손가락마다 바라보면서 해보자

그만 와도 돼

고 했다. 호루는 이번에는 왼쪽 손부터 한 다음 오른쪽 손을 보면서 에너지를 보내기 시작했다.

> 엄지 손가락 치유의 꿈 감사합니다.
> 집게 손가락 치유의 꿈 감사합니다.
> 중지 손가락 치유의 꿈 감사합니다.
> 약지 손가락 치유의 꿈 감사합니다.
> 새끼 손가락 치유의 꿈 감사합니다.

이렇게 하고 난 뒤 호루는 이렇게 말했다.

"그동안 학대를 해왔는데 상처 없이 버텨 준 게 감사하고, 앞으로 더 사랑해줘야겠다는 생각이 듭니다."

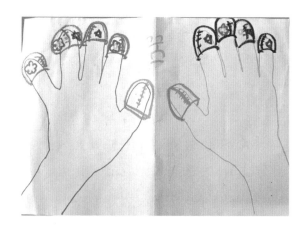

불안장애를 극복한 호루 이야기

우리의 마음뿐 아니라 몸은 감정과 기억을 송두리째 품고 있다. 불안하고 스트레스에 부딪힌 호루가 끊임없이 손톱을 물어뜯었을 때 손톱은 얼마나 쓰라린 아픔을 견뎌야했을까. 손톱을 깎을 겨를도 없이 자꾸만 물어뜯었던 순간에도 손톱은 안타까운 마음으로 제발 멈추기를 바라며 기다려왔을 것이다. 놀랍게도 이제 손톱의 오랜 소망이 이뤄졌다. 봉선화의 고운 물이 부드럽고 아름답게 손톱을 어루만져주던 날부터 날카로운 공격이 사라진 것이다. 이 놀라운 기적이 연일 계속해서 이어지고 있었다.

다음으로 눈을 감고 열 번 정도 복식 호흡을 하면서 온몸을 이완하게 했다. 그런 다음 멘트를 들려주었다.

> 지금 나는 골무를 끼고 손가락을 보호하고 있습니다. 아주 오랫동안 손가락을 보호하지 못했습니다. 언제부터 그랬는지 모릅니다. 아주 오래전부터 나도 모르게 손가락을 괴롭혔습니다. 그러면서도 단 한 번도 손가락한테 미안하다고 하지 않았습니다. 이제, 나는 내 손가락한테 고백합니다. 내가 그동안 괴롭혀왔습니다. 그렇게 해도 되는 줄 알고 괴롭혀왔습니다. 손가락아, 미안하다. 손가락아, 미안하다. 손가락아 미안하다. … 지금 안전하고 귀한 골무 치유의 꿈을 키우고 있습니다. 손가락한테 귀한 '치유의 꿈' 옷을 입혀주고 있습니다. 이제, 이 물질로 된 골

그만 와도 돼

무를 벗더라도 진정한 마음의 골무인 '치유의 꿈'은 지금부터 언제까지나, 늘, 변함없이 손가락에 입혀질 것을 압니다. 지금 내 손가락은 마음의 골무를 입고 있습니다. 안전한 '치유의 꿈' 골무를 입고 있습니다. 내 손가락의 표정을 바라보시기 바랍니다. 어떤 표정인지 바라보시기 바랍니다. … 손가락이 무엇이라고 나한테 얘기를 걸고 있습니다. 무엇이라고 하는지 들어보시기 바랍니다. … 나도 손가락의 말에 무엇이라고 대답을 합니다. 함께 대화를 나눠 보시기 바랍니다. … … 자, 이제 대화를 마무리 합니다. … 내 손가락에는 늘, 언제나, 변함없이 치유의 꿈이 입혀져 있습니다. 이제 세 번을 세면, 이 느낌을 그대로 간직한 채 눈을 뜨시면 됩니다. 세 번을 세겠습니다. 하나, 둘, 셋!

눈을 뜨고 난 호루가 말했다.

"손가락이 웃고 있어요. 이렇게요(손가락으로 U자 표시를 하면서). 날개가 달려있었어요. 손가락이 다 날개였어요. 노란 깃털이 있고, 거기에 골무를 끼워줬어요. 예쁜 모자처럼 골무를 쓰고 있었어요. '손가락이 아니라 날개네!'라고 생각했어요. 그러자 '나, 날수 있다고.' 그러면서 날지는 않고 날개를 펄럭펄럭했어요. 빅버드 같아요. 익살스럽게 웃고, 장난스럽게요. 포근한 마음입니다."

호루는 환하게 웃었다.

다음 시간까지 해올 마음의 빛 과제를 제시했다.

첫째, 하루 한 번 감사 한가지 적어오기(부정에도 감사)

둘째, 마음의 빛 메시지를 아침에 눈뜨자마자 떠올려서
적기: 매일

셋째, 활짝이 새의 메시지를 자기 전에 떠올려서 적기: 매
일

넷째, 열정-먹구름이 개는 것(긍정, 청명한 가을하늘, 내
가 하고 싶은 일, 심리적 독립)을 떠올리는 것을 하루 한
번 이상 낮동안: 매일

다섯째, 손가락에 '치유의 꿈'의 에너지를 떠올리는 것을
하루 한 번 이상 낮동안: 매일

호루한테 지금까지 해왔던 과정 중에서 가장 기억에 남는 것이
무엇인지 물어보았다.

"순 엉터리요!"

망설이지도 않고 바로 호루가 말했다. 지난 6회기 때 무속인한
테서 들었던 비합리적인 신념에 관해 치료사가 했던 '순 엉터리'를

일컫는 말이었다.

"그리고요. 손톱을 안 물어뜯게 되었어요!" 라고 했다. 활동 지원사 하면서 특히 매듭을 묶어주거나 손톱을 쓰는 일이 많다고 했다. 손톱을 계속 물어뜯었다면 정말이지 불편했을 거라고 했다. 온전한 손톱으로 주어진 역할을 잘 수행하고 있다고 했다.

"그동안은요. 손톱을 쓸 일이 없었거든요. 이번 일을 하면서 손톱을 많이 쓰게 되고, 마침 이렇게 손톱 물어뜯는 것을 그치게 되어 신기했어요. 뭔가 하나로 이어져있는 느낌이에요. 운명처럼요."
호루의 말이 맞았다. 이 모든 프로그램을 기획하고 운영하는 것은 나였지만, 모든 것을 관장하고 치유로 이끌어주는 존재는 신이었다. 그러니 '운명'이 맞는 말이었다.

호루는 변화된 것이 마음과 몸으로 모두 느껴진다고 했다. 변화된 비결을 물어보았다.

"마음으로 계속 긍정 에너지를 떠올리니까요. 몸이 반응하는 것 같아요."
환한 표정을 지으며 호루가 말했다. 이번 회기의 참여소감을 호루는 이렇게 말했다.

불안장애를 극복한 호루 이야기

"늘 그렇듯이 머리가 하얘요. 마구 쏟아내고 가는 것 같아요. 네 번째, 다섯 번째 회기 동안은 끝내고 어깨가 아팠거든요. 지금은 아프지 않아요."

그만 와도 돼

열 번째 만남

연을 타고 날아갔어요

호루는 녹차를 마시고 한숨 돌린 다음 얘기를 꺼내기 시작했다.

"일주일 동안 일하면서 피곤과 싸웠어요. 쉬어야 하는데 몸이 이골이 날 때까지 좀 그럴 것 같아요. 삼촌 캐릭터가 분석됐어요. 제가 일하는 곳의 이용자 말예요. 얘기를 들어보면 경상도 사람인데 과거에 오토바이를 타고 놀았대요. 말하자면 양아치? 라고 그랬어요. 나도 28세에 마음이 멈춘 것처럼 그 사람도 20대 초반으로 멈춰 있었어요. 예전에 폭주족으로 놀던 방식대로요. 밥해주는 이모한테는 머리를 숙여요. 자신보다 나이가 적거나 하면 불합리적인 방식으로 누르는 게 있어요. 삼촌이 음식을 짜게 먹거든요. 그래서 라면을 끓여주면 싱겁다고 해요. 그러면서 사람은 짜게 먹어야 한다고 하고. 어폐가 있는 말을 써요. 집게를 쓰는데 큰 것을 달라는 거예요. 그래서 주면 이게 큰 거냐며 짜증을 부려요.

213

나중에 보니까 자신이 깔고 앉아 있더라고요. 그걸 꺼내주면서 순간 화가 났지만, 그런가 보다 했어요. 1년 정도 채우고 다른 사람을 만나야겠다, 이런 생각도 들어요. 부정적인 것에 동기화되는 것만 같아요. 중증장애인이라서 부족한 부분을 제가 채워줘야 하니까 돌봐주는 것인데, 그래도 1년 정도만 하자고 생각합니다. 선택권은 저한테 있으니까요. 많이 평온해졌어요. 짜증나게 하는 말을 듣지만, 무덤덤하게 넘겨요. 예전에 서른 살 때 공장 현장에 4개월 정도 있었거든요. 설계 인원으로 가기 전에 현장 감각을 익혀야 한다고 해서요. 그때 욕을 엄청 얻어먹었어요. 그다음에도 설계실에 사람이 없어서 제가 갔었어요. 그런데 현장관리도 하고, 설계도 해야 해서 반 년 동안 하루도 안 쉬고 일했어요. 당시 설계 과장이 무능했거든요. 일을 제가 거의 다 했지요. 돈은 모이는데 우울이 쌓여갔어요. 사람이 할 일이 아니라고 생각하고 그만뒀어요. 그렇지만 그 덕분에 설계 전문회사에 갈 수 있었지요. 그곳도 결국 그만두고 약을 먹었어요. 일주일 지나니 분노와 불면증이 오더군요. 두 달 정도 그렇게 약을 먹었습니다."

그 당시에 회사를 그만두게 되는 특별한 사건이 있었는지 물어보았다.

"힘든 일은 사람으로 버틴다고 하잖아요. 입사 때 같이 일하는 사람이 있었는데 현직에서 같이 일했던 형이 그만두었어요. 그때

불안장애를 극복한 호루 이야기

부터 힘들었지요. 사람 없어지니까 제 가치가 올라가긴 했어요. 그래서 부장실에 가서 연봉을 올려달라고 했어요. 3월에 올려주겠다고 하더군요. 그러면서 후임을 넣어줄 테니까 인수인계를 하라는 거였어요. 그렇게 해주면 설계할 수 있게 해주겠다고 하더군요. 그회사도 그다지 설계를 주로 하지는 않고, 일만 부리는 곳이었어요. 그래서 제 생각에는 여기는 오래 있을 곳이 아니라고 생각 했었어요. 그렇게 찾아간 3일 뒤 그만두겠다고 하고 나왔어요. 회사에서는 난리가 났지요. 일주일만 쉬고 오라고 하더군요. 일주일 뒤에는 아예 사직서를 들고 갔어요. 연말이 다가오는 즈음이었는데 그렇게 하고 그만두었어요."

오래 전 이야기를 꺼냈지만, 아직도 생생한 느낌이었는지 호루는 인상을 찌푸렸다. 지금 하고 있는 장애인 활동 지원사로 만나는 삼촌이라는 이용자의 성향을 감당하는 것이 호루에게는 벅찬 듯 보였다. 그렇더라도 1년은 버티자는 각오를 하고 있었다. 그렇게 자신을 억제하고 있으니 자연스럽게 예전에 다녔던 회사 일을 그만둘 때의 생각이 떠오르는 것 같았다.

호루는 과제 공책을 내밀었다.

9. 12. 마음의 빛-하지 못함. 활짝이-"엄마에게도 시간이 필요할 거야." 감사-"오늘 무사히 센터 갔다 오면서 꿈을 가져온 것 감사합니다." / 9. 13. 마음빛-늦잠, 지각으로 하

지 못함. 활짝이-"이제 좀 적응이 되어가네, 조금만 지나면 익숙해질 거야." 감사-쉬기로 되어있는데 이용자가 아들이 활동지원하는 지원자가 연휴에 가족이 찾아오지 않다고 하기에 그 덕에 10월 2일과 3일 오전에 늦잠도 못자고 일을 부지런하게 해주셔서 감사합니다. / 9. 14. 마음빛-"그냥 월요일은 알람 끄고 늦잠 자." 활짝이-"징크스가 아니야." 감사-"오전에 근무하는 이모님 집에 불이 났는데 큰 피해 없는 것을 감사드립니다. 그 이유로 내일 오전 근무하게 되어 감사합니다." / 9. 15. 마음빛-오전 지원 활동하는 이모 집에 불이 나서 대리 활동으로 인하여 기상하고 씻고 바로 이용자 집에 출근하는 바람에 하지 못함. 활짝이-오늘은 메시지 없이 앉아 있음. 감사-오전 활동하는 이모님의 피해가 적은 것을 감사드립니다. / 9. 16. 마음빛-"이제 워밍업은 끝", 활짝이-"시간에 쫓기지 말자", 감사-오늘 평온할 수 있게 해주셔서 감사합니다. / 9. 17. 마음빛-"메시지 없음", 활짝이-"화내지 않은 것 잘했어.", 감사-코로나 바이러스가 수그러들어 이발하게 해주셔서 감사합니다.

9월 13일에 쓴, '쉬기로 되어있었는데 쉬지 못하고 일을 부지런히 해주셔서 감사하다'는 구절에 별 다섯 개를 그려주었다. 부정에

불안장애를 극복한 호루 이야기

도 감사하는 것은 쉬운 일이 아니다. 우리는 대개 좋은 일이 있을 때, 혹은 별 탈이 없을 때 감사하기 마련이다. 피해를 입었거나 기분이 나쁠 때 도무지 감사가 나오지 않는다. 그런데도 감사할 수 있다면, 그 부정적인 상황이 뒤집기를 하기 위해 준비를 한다. 부정을 부정하지 않고 감사할 때 부정은 긍정으로 변신할 음모를 꾸미게 된다. 놀라운 반전이 일어나게 된다. 그것을 내가 실제로 경험한 것이 한두 번이 아니다. 부정에 마음을 쓰지 않으면, 부정도 알아서 부정의 에너지를 내지 않는다. 그렇다. 모든 것이 '에너지'다. 부정 에너지가 그치면, 긍정 에너지가 알아서 맞이해준다.

호루가 그렇게 '부정'에도 감사를 실천한 것을 축하해주었다. 그리고 과제를 첫 줄, '엄마한테 시간이 필요하다'는 말이 어떤 말인지 물어보았다.

"엄마하고 통화를 했는데요. 토요일에요. 목소리가 안좋길래 집에 들렀어요. 그김에 부모님과 같이 밥 먹고 왔어요. 그래서 요즘은 매일 퇴근 전에 전화해요. 마음에 걸리니까요. 어머니 목소리는 조금씩 나아지는 것 같았어요."

매일 어머니 태도를 확인하고 있는 것이 심리적으로 동요하고 있는 것은 아닌지 조심스럽게 물어보았다.

"저는 상대방이 감정이 과할 때는 동조가 안되고 이성적으로

217

연을 타고 날아갔어요

차분해져요. 아버지는 요구하는 전화를 많이 하니까 제가 전화를 안해요. 술 마시고 지인들한테 한소리 또 하고 그러는데 자주 그렇게 하는 것은 내가 감당이 안되니까요. 나한테 자꾸만 그럴까 싶어서요. 한 달에 여섯, 일곱 번 정도 아버지와 통화를 하거든요. 아버지가 주로 저한테 전화를 많이 걸어와서 심부름 시킵니다. 어디에 입금해라, 이런 것요. 요즘에는 필요한 것만 얘기해요. 예전에는 이 말도 안했어요. 집을 나온 5년 동안 그랬어요. 아버지가 저를 불안하게 했던 것, 술마신 뒤 했던 행동들이 지금도 남아있거든요. 말끔히 그런 기억이 없어지지는 않아요. 폭력적인 것, 때린 것도요. 5년 전에도 때려서 아버지와 엉겨 붙었으니까요. 제가 술을 안 마시는 이유도 그런 거예요. 모르는 사람과 술을 마시면 어떻게 될지 모르니까요. 술 마시고 변하는 것을 많이 봐왔습니다. 그게 싫어서 제 몸이 알아서 술 마시지 않도록 제가 스스로 통제해요. 그래서 알고 보면, 아버지 일을 제가 다 뒤처리를 하고 있고요."

호루의 이야기를 경청하고 나서 나는 호루한테 공책을 펴서 이렇게 적어보자고 했다.

엄마로부터 심리적 독립을 한다는 것:
1. 아빠를 더 이상 미워하거나 원망하지 않는 것.
2. 엄마의 부정적인 감정에 휘둘리지 않는 것.

불안장애를 극복한 호루 이야기

"엄마는 엄마, 나는 나."

"모든 것은 신의 섭리로 잘 이루어질 것이다."

"엄마가 불행해도 나는 행복해질 권리가 있다."

언뜻 보면, 이 말은 이치에 맞지 않다. 오랫동안 가져왔던 아빠에 대한 부정적 감정을 어떻게 일순간에 사라지게 할 수 있겠는가. 엄마는 줄곧 아빠에 대한 부정적인 마음을 토해내곤 했다. 그런데도 아빠를 미워하거나 원망하지 않는다니. 또 엄마가 휘두르는 부정적 분위기에 휘말리지 않는다니. 게다가 엄마가 불행해도 나는 행복해질 권리가 있다니!

스스로 불행을 낚아올리듯 부정적 마음을 토로하는 엄마한테서 독립하는 것은 바로 이 길밖에 없다. 호루가 오랫동안 가졌던 불안과 스트레스를 극복하는 방법은 내면의 긍정성에 뿌리를 두는 것이다. 냉혹할지 모르지만, 냉철한 방식으로 대처하는 것이 절실하다. 분석심리학자 이부영은 '깨달은 자의 서늘한 인간관계'라는 표현으로 자운의 시를 인용한 적이 있다.

> 만나는 사람마다 모르는 척할 수 있다면
> 미륵의 누각문이 활짝 열리네

이제 호루는 엄마의 그늘에서 벗어나 스스로의 삶을 제대로 살아야 할 때가 되었다. 너무 늦었지만, 지금이라도 해내야 한다. 호루한테 쓴 글을 읽게 하고 느낌을 물어보았다.

"머릿속이 비워집니다."
호루가 눈빛을 빛내면서 말했다.
9월 14일에 활짝이 새가 말한 '징크스는 아니야'라고 한 말이 무슨 말인지 물어보았다.

"저는 게임을 하든 어떤 일을 하든, 뭐든지 처음으로 시작할 때 내 능력 이상의 일이 주어진다는 징크스가 있거든요. 그런데 지금 하고 있는 일은 그 징크스라고 생각할 만큼 힘들지는 않아서요."
그러니까 장애인 활동 보조사를 시작해서 처음으로 지금의 이용자를 만나서 겪는 일의 강도에 대해 하는 말이었다. 지금 하고 있는 일이 너무 과할 정도로 힘든 것은 아니라며 자신을 달래주는 활짝이 새의 메시지인 듯했다.

이번 회기에 준비한 심상 시치료는 '연날리기' 기법이다. 먼저, 연날리는 동영상을 2분 정도 감상했다. 감상을 한 뒤 느낀 점을 물어보았다. 호루는 '연' 하면 '줄', '바람'이 생각난다고 했다. 그리고 '제약'도 떠오른다고 했다. 그 이유를 묻자 이렇게 말했다.

불안장애를 극복한 호루 이야기

"묶여서 조종해야 하는 거니까요. 누군가의 의지에 의해서 자연스러운 흐름, 바람의 흐름으로 나는 거고요. 줄이 있어서 안전하게 날 수 있지만 그게 제약일 수도 있고 안전일 수도 있어서요. 연은 어떻게 생각할지 모르겠어요. 제약을 원하는지 아니면 자유롭게 날기를 원하는지 말예요. 바람과 함께 연줄을 쥐고 있는 사람에 의해 연이 나는데, 쥐고 있는 것도 끊는 것도 사람이니까요. 연자신이 아니라."

연의 입장에서 생각하면, 연은 수동적일 수밖에 없다. 바람이 있어야 날 수 있고, 연의 목숨을 잡고 있는 것은 사람이기 때문이다. 호루는 연의 처연한 처지를 떠올려서 그렇게 말했다. 지금부터 진행할 내용은 호루가 방금 얘기한 것과 다른 관점에서 이뤄질 것이다.

미리 준비한 연 그림를 건네주었다. 연 그림 위에 하늘의 기운을 받을 글자를 색연필로 써보자고 했다. 연은 하늘에 오르는 순간부터 하늘의 기운을 오롯이 받게 될 것이다. 호루한테 그렇게 알렸다. '하늘의 기운을 받는 연'에 대해 호루는 노란 색연필로 '평정'이라고 썼다.

"열정, 꿈도 있는데 이제 걸어나가야 하니까요. 불안하거나 어려운 상황이 왔을 때 흔들리지 않는 것이 필요해서요. 중간에 좌

연을 타고 날아갔어요

절하거나 못 일어날 수 있으니까요. 마음과 신체적으로 안정감이 필요합니다."

'평정'을 위한 가장 좋은 방법은 무엇일까? 이미 호루가 날마다 하고 있는 '감사'가 '평정'을 잘 유지하는 절묘한 방법이라고 알려주었다. 그런 의미에서 연 그림 아래에 '감사'를 적어보자고 했다. 이번 과제에 해온 대로 긍정이든 부정에서든 모두 감사할 수 있다면, 호루는 하늘의 기운을 오롯이 받게 될 것이다. 분명 마음의 평정을 잘 이룰 수 있을 것이다.

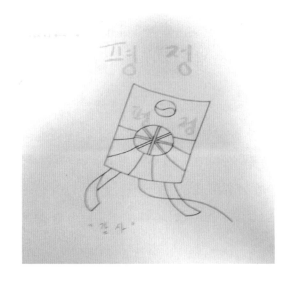

이제 눈을 감고 열 번 정도 복식 호흡을 하도록 했다. 온몸을 이완하게 한 뒤 다음 멘트를 들려주었다.

불안장애를 극복한 호루 이야기

나는 지금 연을 가지고 있습니다. 이 연에는 평정과 감사라고 적혀있습니다. 이 연은 하늘에 띄우려고 합니다. 이제, 세 번을 세면 연은 활기차게 날아올라서 하늘에서 하늘의 기운을 마음껏 받으며 날게 됩니다. 세 번을 세겠습니다. 하나, 둘, 셋! 내 연은 지금 평정과 감사의 기운으로 날고 있습니다. 지금, 이 느낌을 고스란히 그대로 느껴보시기 바랍니다. … 지금, 문득 내 연한테 누군가의 음성이 들려옵니다. 누구인지 나는 알 수 있습니다. 들려오는 그대로 들어보시기 바랍니다. 자연스럽게 연과 그 목소리의 주인은 대화를 나눕니다. 대화를 그대로 들어보시기 바랍니다. … 이제, 대화를 마무리 합니다. 작별 인사를 나눠보시기 바랍니다. … 이제 세 번을 세면, 이 느낌을 그대로 간직한 채 눈을 뜨시면 됩니다. 세 번을 세겠습니다. 하나, 둘, 셋!

호루는 처연하고 가엾은 처지에 있는 수동적인 연의 이미지를 놓아두고 하늘의 기운을 받은 연을 떠올릴 수 있었을까? 드디어 눈을 뜬 호루가 내면에서 체험한 것을 말하기 시작했다.

"밤하늘을 떠올렸어요. 그런데 연을 띄우니까 그냥 떨어지던데

연을 타고 날아갔어요

요. 그래서 제가 연 위에 올라탔어요. 그랬더니 바로 날아가더라
고요. 계속 날다보니까 앞에 빛이 보였어요. 목소리는 '앞을 보라'
고 들려왔어요. 마음의 빛을 향해 날아갔어요. 아침마다 제가 늘
만나는 하얀빛으로 날아갔어요. 날면 바람이 느껴질텐데 그다지
거센 바람이 안 느껴지고 부드럽게 타고 가는 느낌이 들어서 평온
했어요. 그런 다음, '마음의 빛을 보라'는 메시지를 받았어요. 인상
적인 게 그냥 띄우니까 안 날라가고 제가 올라타니까 날라가는 거
였어요. 그래서 연의 실이 안 보인 거였어요!"

호루는 연을 타고 날아가는 느낌을 전해주면서 환하게 웃었다.
눈을 뜬 지금의 상태로도 그 느낌이 가시지 않은 듯했다.

다음 주까지 해올 마음의 빛 과제를 제시했다.

첫째, 하루 한번 감사 한가지 적어오기(부정에도 감사)
둘째, 마음의 빛 메시지를 아침에 눈뜨자마자 떠올려서
적기: 매일
셋째, 활짝이 새의 메시지를 자기 전에 떠올려서 적기: 매
일
넷째, 부채의 이름인 <열정>이라는 단어를 떠올리기. '열
정' 부채를 부치면서 '긍정'의 바람이 일어나는 것을 상상
하면서 가을하늘, 내가 하고 싶은 일과 심리적 독립을 함
께 떠올릴 것. 낮 동안 한 번 이상 떠올리기: 매일

불안장애를 극복한 호루 이야기

다섯째, 손가락에 '치유의 꿈'의 에너지를 떠올리는 것을 하루 한번 이상 낮동안: 매일
여섯째, 내 이름을 세 번 부르고 떠오르는 것을 한 줄 이상 적어오기

마지막 회기가 다가오고 있어서 과제가 많다며 양해를 구했다. 부디 성실하게 잘 해오도록 당부했다.

"끝날 때는 머릿속이 비워 있어요. 그리고 피곤했나 봐요. 지금 피곤합니다."
다시 두 시간은 족히 운전해서 가야하는 호루한테 부디 운전 조심하라고 일렀다.

연을 타고 날아갔어요

열한 번째 만남

호루를 지지해

호루는 늘 그렇듯이 녹차를 마시면서 한숨 돌렸다. 5분 정도 지나서 얘기를 꺼내기 시작했다.

"일주일 동안 오전에는 공부, 오후에는 일을 했어요. 일은 적응을 했는데 피곤하고, 그다지 많이 신경 쓰이지 않는데요. 그런가 보다 하고 지내고 있어요. 평소에는 여섯 시나 일곱 시에 일어나다가 일하러 가지 않을 때는 여덟 시 넘어서 일어나기도 해요. 다음 달부터 운동을 재개하는데 과제는 밀려오고… 그래도 겪어봐야지요. 사이버 강의는 금요일에서 화요일까지 다 마치려고 합니다. 안타까운 게요. 예전에 비해 다 잊어버려요. 설계 자격증을 따기 위해 공부할 때보다 기억을 잘하지 못해요. 아마도 나이 때문이고, 신경쓸 게 많아서 그런 것 같아요. 그때는 오로지 공부만 했었거든요. 새로운 일이 있었어요. 전동킥보드 산 것요. 출퇴근용으로 샀는데 균형 잡고 타기가 쉽지 않아서 좀 익히면 그렇게 활용하려

호루를 지지해

고 해요. 50만 원 주고 샀어요."

이렇게 말하면서 호루는 과제 공책을 꺼냈다.

> 9. 20. 마음의 빛-"시작이 반" 활짝이-"말하니까 들어주잖
> 아. 필요하면 말을 해." 감사-"오늘 페인트가 옷에 묻어 기
> 분이 다운 되었지만, 페인트 제거법을 배우게 되어 감사
> 합니다." / 9. 21. 마음의 빛-"평온함을 유지해." 활짝이-"피
> 곤하니 내일도 늦잠자도 돼." 감사-"평온한 하루가 되어
> 감사합니다." / 9. 22. 마음의 빛-"포기도 좋은 선택이지."
> 활짝이-"처음은 어려워. 천천히 안전히." 감사-"오늘 전동
> 킥보드 타는데 속도 제어를 하면서 몸에 무리가 와 통증
> 이 왔습니다. 이 또한 감사합니다." / 9. 23. 마음의 빛-"새
> 로운 일은 피곤할 수밖에 천천히 천천히." 활짝이-"사악
> 해지지마." 감사-"갑자기 멀쩡하던 오른쪽 발목 통증이
> 심해졌습니다. 감사합니다." / 9. 24. 마음의 빛-"나는 나,
> 너는 너. 너만 생각해." 활짝이-"그저 웃어요." 감사-"내일
> 아침 출발 시 지하주차장 상태를 확인하고 왔는데 비매
> 너 삼중 주차 덕분에 고생했습니다. 그리고 도착 예정 시
> 간이 늦어질 것 같습니다. 비매너 주민들에게 감사합니
> 다."

불안장애를 극복한 호루 이야기

놀라웠다. 부정에도 '감사합니다'라고 말하고 있다니! 부정에도 감사를 실천하고 있다는 사실에 박수를 보낸다고 했다. 지하주차장에 삼중 주차를 한 매너가 제로인 주민들 때문에 도착 예정 시간이 늦어질 것 같은데도 감사하다고 한 호루. 억지스러울 것 같지만, 나름 재미있다. 괴로움이 감사로 몸을 비틀게 되고, 심각한 삶이 우스꽝스럽게 노래를 부르게 된다. 멋진 호루! 별 다섯 개를 그려주었다. 호루는 싱긋 웃었다. 그리고 다음 과제를 내밀었다.

> 내 이름 세 번 부르고 느낀 점:
> 시끄러운 바깥소리에 창문을 닫고 내 이름을 세 번 불러보았다. 잠잘 때를 제외하곤 모든 소리를 차단한 것은 오랜만이다. 이름을 불러본 후 심장이 두근거린다. 가만히 있는 것이 이상하게도 안정이 되지 않는다. 이전 일부 연예인들이 말하던 흔들어야 잠이 온다는 느낌과 비슷한 기분이랄까. 스케줄 중 차가 멈추어 있거나, 평온한 상태에서는 잠을 청하지 못하는데 비로소 움직이는 차 안에서 소음과 덜커덩거림을 느껴야 비로소 안정감을 느끼고 잠을 청할 수 있는 것처럼. 나 스스로에 진정한 휴식과 평온을 주고 있는지 곱씹어 본다.

"9월 30일에는 이용자가 뭔가를 지시하려고 해서 제가 좀 있다 하자고 했어요. 한숨 돌려야겠다고, 그랬더니 말을 들어줬어요. 그리고 이용자가 자신의 아들이랑 갈등을 풀었어요. 그 갈등이 단순히 돈 때문이 아니더라고요. 제가 아들이 자는 것을 보고 이용자 한테 아들도 활동 지원사를 하니까 힘들 거라고 했어요. 사실 그 말은 내가 힘들다는 것도 포함되어 있었거든요. 그 생각은 하지 않고 아들이 힘든가 보다 하고 생각했나 봐요. 다 같이 밥을 먹는데, 이용자가 먼저 속 얘기를 하면서 풀더군요. 9월 24일은 이용자 침대가 리모컨으로 높낮이를 할 수 있는 건데, 올라가서 조절해보자고 해놓고 올라가니 무거워서 조절할 수가 없어서 내려왔어요. 그런데 잠시 뒤 다시 말을 번복했어요. 그래서 내가 내려가서 밀자고 했지 않았냐고 말하면서 그냥 웃었어요. 그랬더니 이용자도 같이 웃더군요. 그런 일이 있었고요… 그리고 내 이름 과제는 해봤지만 안정이 안 되는 느낌이었어요."

장애인 활동 보조사를 하고 나서 호루의 에너지는 그쪽에 많이 쏠리는 것 같았다. 일단 그 일이 처음이고 적응을 해야 하니 어쩔 수 없는 노릇이기는 했다. 이용자의 성향에 호루가 맞춰주려고 무진장 애쓰는 형국이었다. 일상의 대부분이 일에 초점이 맞춰져 있었다. 저번 회기에 말한대로 80% 정도가 이 일에 에너지를 쏟고 있었다. 해야 하는 공부가 20%. 그렇다면, 자기 자신한테 쏟는 에너지는 호루의 말에 따르면, 거의 없다. 이제, 자신에게 에너지의

불안장애를 극복한 호루 이야기

방향을 돌려야 한다. 그렇지 않으면 에너지는 방전될지도 모른다.

나는 지금, 현재, 이 순간 눈을 감고 자신의 이름을 세 번 불러보게 했다. 그리고 느낌을 물어보았다. 호루가 말했다.

"평온합니다."

이름을 부르면서 평온함을 느끼는 것! 지금, 현재, 이 순간에 제대로 해낸 것이다. 자신의 이름을 부를 때 부정적인 감정이 들거나 어딘가 숨고 싶을 정도로 수치스러울 수도 있다. '자존감'의 정도를 심리검사로 알아볼 수도 있지만, 간단한 이런 방식으로 점검할 수도 있다. 스스로 이름을 세 번 정도 불러봤을 때 어떤 감정이 일어나는지 지켜보는 것이다. 부정적인 감정이 아니라면, 다행이다. 긍정의 감정이 일어난다면, 자존감이 높다는 증거다. 만약 부정의 감정이 와락 인다면, 적극적으로 치유를 해야 할 때이다. 이미 가지고 있는 근원의 에너지 쪽으로 용기있게 걸음을 옮겨야 한다. 혼자 깨닫고 혼자 그렇게 걸음을 옮길 수 있으면 좋겠지만, 대부분 그게 잘 되지 않는다. 긍정의 에너지로 충만할 때는 혼자 깨우치는 것이 가능하지만, 부정일 때는 모든 것이 안개에 가려있다. 안개 속을 헤집고 근원으로 들어서는 것은 험준한 산맥을 혼자 올라가겠다고 하는 것과 같다. 그 산을 여러 번 가본 경험이 있는 노련한 셰르파의 안내가 필요하다. 그게 바로 치유사가 존재하는 이

호루를 지지해

유다. 호루는 일어나는 현실에 에너지를 모두 **빼앗기고** 마는 방식으로 살아왔다. 그렇지만 이미 근원의 에너지를 만났기에 조금만 가리키면 익숙한 방식을 헤쳐나갈 용기를 지니고 있다. 지금, 자기 안으로 들어가서 '평온함'을 만난 것이다.

이번 시간에 준비한 심상 시치료는 '풍경'이다. 눈을 감고 풍경 소리를 들어보자고 했다. 직접 풍경을 준비해서 소리를 들려주었다. 잠시 후 눈을 뜨고 이렇게 말했다.

"음역대가 안 맞는 것 같아요. 이마를 때리는 것 같아요. 왼쪽 머리가 지끈지끈 아파요, 그냥 명상만 하면 안 돼요?"

나는 잠시 자리를 옮겨서 집단치료실로 가도록 했다. 공간이 넓은 곳에서 바닥에 앉아서 풍경 소리를 다시 들려주었다. 천천히, 은은하게 풍경 소리가 들리도록 했다. 호루는 눈을 감고 소리를 음미했다. 3분 정도가 흐른 다음 호루가 말했다.

"물고기가 종에 매달려 있지 않고 종 주위를 꼬리를 쳐서 소리 내다가 지붕 위로 하늘로 올라가더니 별이 물고기가 되어 같이 내려왔어요. 친구들을 데리고 와서 지붕 위에 종 주위에 왔다 갔다 하면서 나한테 오기도 하고 꼬리로 물고기가 자신의 의지로 종을 치기도 했어요. 저번에 연도 그리고 어딘가에 매달리지 않았다는

불안장애를 극복한 호루 이야기

공통점이 있다는 것을 생각했어요. 감성 말고도 이성적으로 그런 생각이 들었어요."

시적인 상상력을 펼친 호루. 풍경에 달린 물고기가 하늘로 올라갔고 별은 물고기가 되어 내려오다니! 그렇게 친구들을 데리고 와서 종 주위를 다니면서 꼬리로 자신이 스스로 종을 치기도 하고. 아주 자유롭고 독특한 호루만의 풍경 속 물고기였다.

이번에는 눈을 감고 열 번 정도 복식호흡을 하게 했다. 온몸을 이완하고 나서 다음 멘트를 들려주었다.

나는 내 마음 안으로 들어갑니다. 내 마음은 마치 원처럼 동그랗게 생겼습니다. 원 밖에서 점점 원 안으로 들어가 봅니다. 조금 더, 좀 더, 천천히 동그라미 안으로 들어가 봅니다. … 네, 좋습니다. 나는 내 마음의 가장 중심 가까이에 와 있습니다. 이제 유리문을 열고 들어가면, 내 마음의 중심을 만날 수 있습니다. 제가 세 번을 세면, 문을 잡아당겨서 열고 내 마음의 중심에 들어가면 됩니다. 세 번을 세겠습니다. 하나, 둘, 셋! 이제 문이 열렸습니다. 나는 한 발자국 안으로 걸음을 내디뎠습니다. 내 마음의 중심으로 다가갑니다. 이 중심에 하얀 천이 덮여있습니다. 이 천을 걷으면 너무나 찬란하고 아름답고 나만의 고유한 색깔을 가지고 있는 보석이 나타날 것입니다. 이 천을 걷

호루를 지지해

어 보겠습니다. 제가 세 번을 세면 이 천의 한 자락을 잡고 당겨보시기 바랍니다. 하나, 둘, 셋! 네, 이제 이 보석을 바라보시기 바랍니다. 어떻게 생겼나요? 어떤 모양인지, 광채는 어떤 빛깔인지, 크기는 어느 정도인지 바라보시기 바랍니다. … 내 마음의 중심에 늘 변함없이 존재해 있던 보석입니다. 이 보석에 대한 느낌을 고스란히 느껴 보시기 바랍니다. …… 보석은 내가 찾을 때마다 이렇게 빛을 발하며 이 모습 이대로 존재해 있을 것입니다. 미처 내가 생각하지 못하거나 잊어버릴 때도 이 보석은 여전히 이 모습으로 존재해 있습니다. 지금, 이 느낌을 가슴 깊숙이 간직해 보시기 바랍니다. … 이제 제가 세 번을 세면 눈을 뜨시면 됩니다. 제가 세 번을 세겠습니다. 하나, 둘, 셋! 눈을 떠보세요!

호루는 눈을 뜨고 나서 방금 체험한 것을 말하기 시작했다.

"안으로 들어가니까 문을 열기 전에 왕들이 앉는 의자가 있어서 앉았다가 일어났어요. 불투명한 미닫이문이었어요. 문을 여니까 징검다리가 있었는데 우주 공간이었어요. 물이 있었던 건 아니라 우주 공간에 징검다리가 놓여 있었어요. 밟으면 불이 반짝반짝 났어요. 피아노 건반 밟을 때 나는 것처럼요. 그 위를 걸어가니까

불안장애를 극복한 호루 이야기

'가넷'이라는 보랏빛 보석이 있었어요. 가지 모양이었어요. 들어보니까 묵직했어요. 반짝거리고 밝았어요. 제가 가지볶음을 좋아해요. 가지처럼 생긴 것은 가지밖에 없으니까요. 오이는 호박과 비슷하게 생겼고 다른 야채도 그렇잖아요. 서로 엇비슷해요. 그런데 가지는 꼭지가 있고, 가지만의 독특한 모양이 있어요. 그런 '가넷' 보석이 있었어요. 온몸과 마음이 맑은 느낌이 듭니다."

이 체험이 지금 나한테 주는 마음의 메시지를 떠올려보자고 했다. 호루가 말했다.

"나는 유일하다."

이 말에 빛을 보태어 공책에 적고 원하는 색연필로 이 글을 둘러쳐서 표시해보자고 했다.

나는 유일한 존재의 빛이다.

호루는 이 말을 보라 색연필로 가지 모양으로 감쌌다.

심상 시치료 두 번째 순서는 '말'을 준비했다. 왼쪽 종이에 하루 중에 많이 쓰는 말 세 가지를 적게 하고, 오른쪽 종이 위에는 에너지가 되는 말 한 가지를 생각해서 적어보자고 했다.

호루를 지지해

하루 중 많이 쓰는 말: 삼촌, 잠깐만요, 어느 것부터 할까요? (일할 때) / 몇 시야? 타이머 맞춰야지, 토요일이 빨리 와라.(일하지 않는 날)	에너지가 되는 말: ~~시간을 줄게~~, 너를 지지해, 나를 지지해, ---> 호루를 지지해!

　호루는 활동지원사 일을 하며, 이용자인 '삼촌'한테 하는 말이 하루 중 많이 쓰는 말이라고 적어놓았다. 게다가 속으로 일하지 않는 토요일이 빨리 오라고 조바심을 내고 있었다. 에너지가 되는 말은 '시간을 줄게'로 적었다. 그게 어떤 의미인지 묻자 시간이 부족해서 그러면 에너지가 생길 것 같다고 했다가 조금 더 생각해보더니 그 말을 지웠다. 대신 너와 나를 지지한다는 말을 적었다. 지금은 타인에게 초점을 맞추지 말고 내가 내 안에서 에너지를 북돋게 하는 말을 떠올려보자고 하니, 이렇게 정리했다. '호루를 지지해!'

　방금 적은 에너지가 되는 말을 직접 자신에게 말해보자고 했다. 호루는 단순히 좋아질 거라는 믿음보다 더 강한 긍정의 느낌이 든다고 말했다. 평소에 에너지가 되는 말을 스스로 하지 않았다는 것도 알아차렸다. 에너지가 되는 말을 수시로 자주 써보자고

불안장애를 극복한 호루 이야기

했다. 호루는 고개를 끄덕이며 그렇게 하겠다고 했다.

다음 시간까지 해올 마음의 빛 과제를 제시했다. 이 과제가 호루와 함께 하는 마지막 과제다. 많은 과제이지만, 마지막까지 성실하게 해오도록 당부했다.

> 첫째, 하루 한번 감사 한가지 적어오기(부정에도 감사)
> 둘째, 마음의 빛 메시지를 아침에 눈뜨자마자 떠올려서 적기: 매일
> 셋째, 활짝이 새의 메시지를 자기 전에 떠올려서 적기: 매일
> 넷째, 부채의 이름인 〈열정〉이라는 단어를 떠올리기. '열정' 부채를 부치면서 '긍정'의 바람이 일어나는 것을 상상하면서 가을하늘, 내가 하고 싶은 일과 심리적 독립을 함께 떠올릴 것. 낮 동안 한 번 이상 떠올리기: 매일
> 다섯째, 손가락에 '치유의 꿈'의 에너지를 떠올리는 것을 하루 한번 이상 낮동안: 매일
> 여섯째, 어머니로부터 심리적인 독립을 이룬 내가 지금 현재의 나한테 들려주는 메시지를 한 줄 이상 써오기
> 일곱째, 에너지 말을 하루 세 번씩 해오기

호루를 지지해

호루는 참여 소감을 이렇게 남겼다.

"신기해요, 가지 보석요. 내가 매여있는 것을 싫어하는구나, 하
고 생각했어요. 오늘은 머리가 비워지는 느낌이 아니고, 가지 보석
이 강렬해서 마음이 가득 채워진 느낌입니다."

불안장애를 극복한 호루 이야기

열두 번째 만남

한 은하계에는 한 개의 태양만

호루한테 연락이 왔다. 바쁜 사정이 생겼다며 만남을 일주일을 미뤄달라고 했다. 그래서 저번 회기 이후 2주일이 지나서 마지막 회기를 진행하게 되었다. 2주일간의 삶을 물어보자 대뜸 '피곤하다'고 했다. 육체적으로 일하는 일을 포함해서 여러 가지 이유 때문이라고 했다. 특히 연휴 때 바이오리듬이 흐트러졌다고 했다. 그래도 배에 비유하자면 파도가 휘몰아치게 되면 예전에는 속수무책으로 출렁거렸는데 이제 그래도 닻이 생긴 느낌이 든다고 했다. 일할 때 한숨을 쉬면서 출근했는데 이제는 그냥 가는가 보다 하고 생각한다고 했다. 원래 자신은 스스로 알아서 하면 스트레스를 적게 받는데 누군가 시켜서 하면 스트레스를 많이 받는 편이라고 했다. 그래서 이용자 삼촌이 시키기 전에 '이것, 이것을 하면 되나요?' 라고 하면서 미리 말한다고 했다.

세상살이가 그렇게 만만치 않다. 누군가가 시켜서 하는 일보다

한 은하계에는 한 개의 태양만

주도적으로 하는 일이 맞다는 호루. 그런데 지금 하고 있는 일은 그렇지 않다. 장애인 활동 보조사라는 직업은 이용자의 요구에 맞춰 움직여야 한다. 아예 표현하지 못하고 온몸을 전부 맡기는 경우라면 모를까 이용자는 요구 사항을 말할 수밖에 없다. 그 일의 특성상 시키는 일에 따르는 입장일 테지만, 그것만은 아닐 것이다. 이용자가 지시하는 역할로 터무니없이 군림하려고 하는 것이 문제일 것이다. 이용자가 도움의 손길이 필요한 일상에 활동 보조사가 그 역할을 하게 되어 서로 도움이 오가는 원활한 소통의 장이 된다면 더할나위 없이 멋진 관계가 될 것이다. 호루가 만난 이용자는 아마도 군림 쪽인 것 같고, 그것을 이겨내려니 숨이 막힐 만했다. 그렇지만 전에 호루는 이를 악물고 1년은 버티겠다고 한 적이 있다.

나는 10년 후 오늘, 이 시간을 상상해보자고 했다. 무엇을 하고 있으며 어떤 모습일지 떠올려보자고 했다. 호루는 사무실이고, 보건교사 협의회 사무실이나 개인 치료실에 있을 것 같다고 했다. 하고 싶은 일을 하고 있어서 평안하고 보람된 삶일 거라고 했다. 열정을 가지고 있으면서 바다가 된 느낌이라고 했다. 바다 위의 배 정도로 떠있는 것이 아니라 바다 그 자체가 되어 있을 것 같다고 했다. 그러면서 끊임없이 배우고 있을 것 같다고 했다. 불안감이 없고, 목표점이 찍혀 있고 그곳으로 가고 있으니 열정적이라는 거

불안장애를 극복한 호루 이야기

였다. 최선을 다해 치유의 꿈을 행하고 있다고도 했다. 나는 이 느낌으로 현재를 견뎌낼 수 있을 거라고 했다. 언젠가 내가 그랬듯이.

나는 20년 동안 정신건강의학과 병원에서 간호사로 근무를 해왔다. 돈이 되는 직업을 갖기 위해 선택한 결과였지만, 늘 후회하면서 병원에 다녔다. 그야말로 주도성을 상실하고 기계적으로 움직여야 하는 일이었다. 환자를 위해 병원이 있는 게 아니라 병원의 돈벌이를 위해 환자가 있는 듯했다. 여러 군데를 옮겨 다녔지만, 대형 정신과 전문 병원에서 겪었던 내부 사정은 매한가지였다. 의사는 오직 환자를 약으로만 대했다. 너무 깊이 건드리지 마. 무슨 말이 튀어나올지 모르니까. 이런 말을 할 정도였다. 구덩이 안에 뭐가 튀어나올지 모르니까 그냥 두껑을 닫은 채 그 위에 두껍게 시멘트 칠을 해놓듯이 환자를 다루었다. 구멍이 뚫린 안을 아예 들여다볼 엄두를 내지 않았다. 그렇게 할 정도로 에너지를 쏟는 의사를 단 한번도 본 적이 없었다. 난동을 부리는 바람에 사지가 결박당한 채 있는 환자가 진정제 주사로 잠이 들자 당직의사한테 연락을 했다. 어떤 과장의 어떤 환자인데 지금 자고 있으니 결박을 풀어주면 좋지 않겠냐고 했다. 당직의가 단칼에 잘랐다. 그냥 놔두세요! 내가 1년차 간호사였고, 밤근무를 할 때였다. 당신이 저 환자라면 어떻겠냐고 호통을 치고 싶었지만, 내가 할 수 있

한 은하계에는 한 개의 태양만

는 것은 아무 것도 없었다. 정신병원은 환자를 살리는 곳이 아니라 환자의 기를 눌러서 죽이는 곳이다. 너무나 싫은 그 체제 속에서 먹고살기 위해 20년을 버텼다. 도중 도중 다른 직업으로 갈아타기도 했지만, 여지없이 다시 병원으로 돌아오곤 했다. 그러면서 작은 삽으로 벽을 뚫듯 준비했다. 문학치료학을 공부하고 마침내 박사 학위를 딴 날, 그 당시 내가 근무했던 해운대 바다가 보이는 작은 병원 전체에 학위 축하 떡을 돌렸다. 그리고 나는 유유히 쇼생크를 탈출했다.

탈출을 하고 나서 뾰족한 수가 있는 것은 아니었다. 한 달이라도 벌지 않으면 돈이 나올 데가 없었다. 지인의 건물 한쪽을 빌려서 센터를 오픈했지만 내담자들이 알아서 밀려드는 것도 아니었다. 그렇다고 심상 시치료를 장삿속으로 무리하게 운영하고 싶은 마음은 추호도 들지 않았다. 그저 아는 이의 소개로 센터에 찾아오면 만날 뿐, 홍보를 하느라 기를 쓰지도 않았다. 그러다 보니 치료 센터 일로 생활을 할 수 없었다. 뭔가 다른 일을 겸해야 했고, 그게 지금까지 이어지고 있다. 내담자들과 함께 초기에 세운 목적에 도달해서 극복의 힘을 체험하고 회기를 종결했다. 그런 이들은 늘어났지만, 그렇다고 돈이 되는 것도 아니었다. 하도 적게 받으니 돈이 될 리도 없고, 대부분 단기로 12회기만 운영하기 때문일 수도 있다. 그렇지만 행복하다. 돈을 떠나서 나는 탈출에 성공했다.

불안장애를 극복한 호루 이야기

프로그램을 하는 동안 나를 움직이고 지시하는 것은 내 머리가 아니라 내 모든 것을 관장하는 신일 뿐. 나는 신의 도구일 뿐. 그 생각을 하면 흐리멍텅해진 눈이 반짝 떠진다. 앞으로도 그럴지도 모른다. 돈을 잘 벌지 못하는 심리치료사. 돈이 안되는 심상 시치료. 그렇지만 여전히 행복할 것이다. 하고 싶은 일을 한다는 것은 굶더라도 웃음이 나온다. 더 많이 굶는다면? 아마도 신이 나를 궁핍 가운데로 인도하실 것 같지는 않다. 지금까지 어찌어찌 살아온 기적같은 나날을 보면 알 수 있다.

　앞으로 10년 뒤, 호루는 치료센터를 오픈해서 개인 치료실에 앉아서 내담자를 기다리게 될까? 느긋하고 행복한 미소를 머금으며 자신이 헤쳐온 극복의 에너지로 누군가를 이끌어주고 있을까? 혹은 다른 길로 걸어가게 되었을까? 미처 알지 못하고 짐작하지 못했던 길에 들어서 있을까? 알지 못하는 미래이지만, 분명한 것은 닻을 내려야 할 때를 알고 돛을 올려야 할 때를 잘 알고 실천할 거라는 사실이다. 파도를 타듯 살아가되 거세게 폭풍우가 치면 안전한 곳에서 쉬어갈 줄 아는 현명함을 호루가 가지게 되었다는 점이다.

　호루는 마지막 과제를 적은 공책을 내밀었다.

　9. 26. 마음의 빛: "휴식을 위해" 활짝이: "멍을 제대로 때

려봐” 감사: “오늘 무사히 시골 갔다와서 감사합니다.” / 9.
27. 마음의 빛: “하마터면 열심히 살잖아.” 활짝이: “내일은
늦잠 자” 감사: “이틀 연속 강의를 못 들어 계획대로 하
지 못했습니다. 감사합니다.” / 9. 28. 마음의 빛: “천천히”
활짝이: “삼촌은 결국 네가 필요한 거야.” 감사: “오늘 출
근 후 1시간 30분 정도 휴식 같은 시간이 생겨 한숨 돌렸
습니다. 감사합니다.” / 9. 29. 마음의 빛: “평온을 찾아가는
구나.” 활짝이: “너의 무의식적인 말이 아마도 삼촌에게
큰 힘이 되었을거야.” 감사: “이용자 삼촌의 부정적인 말
에 휩쓸리지 않는 일에 대해 감사합니다.”-저를 관리하는
센터에서 출퇴근 단말기에 시간이 등록되지 않아 시간
낭비하는 해프닝이 있었음. 그 전에도 여러 가지 해프닝
이 있어 센터의 일처리에 대한 불만이 있었던 삼촌 역시
마찬가지임. 그래서 삼촌이 “그 센터에 장애인들이 많아
서 일 정말 못해.”라고 하길래 그래서 내가 “아니에요. 이
건 교육이 안 되었거나, 검증이 안된 사람을 고용해서 그
래요. 삼촌도 일할 수 있는 조건이 되면 충분히 잘 할 수
있잖아요.”라고 이야기함(삼촌이 그 말을 듣더니 웃었어
요). / 9. 30. 마음의 빛: “달리기 전 위밍업” 활짝이: “당황
스런 단어지만 너도 이 말을 하려고 해봐.” 감사: “오랜만
에 사랑한다는 말을 들었습니다. 감사합니다”(같이 일하

불안장애를 극복한 호루 이야기

는 이모가 전화에서 사랑한다고 해서 저는 아, 네, 감사합니다. 그러고 삼촌한테 말했더니 그 이모가 그런 말을 잘 한다고 하더군요.) / 10. 1. 마음의 빛: "오늘 정말 멍을 때 려봐" 활짝이: "쓸쓸한 연휴네." 감사: "이틀만에 수업 토론글을 완성했습니다. 감사합니다." / 10. 2. 마음의 빛: "쉴 때 쉬어." 활짝이: "전동킥보드 7Km. 안전하게 운행. 그렇게 천천히 해." 감사: "오랜만에 한가함을 느끼게 해주셔서 감사합니다." / 10. 3. 마음의 빛: "불안함이 무뎌지네." 활짝이: "Come down Come down" 감사: "오늘 건강과 운동 퀴즈 관련하여 서버버그로 장장 4시간을 낭비하게 되었습니다. 연휴에 아까운 시간 때문에 열 받았는데 다행히도 퀴즈를 풀게 되어 감사합니다." / 10. 4. 마음의 빛: "피로하지? 다른 일하지 말고 그냥 쉬어." 활짝이: "말보다는 표현적 행동이 효과적일 때가 있어. 그치" 감사: "2. 3. 4일 바이오 리듬이 흩어져 피로가 극심합니다. 그래도 이 피로 덕분에 이용자와 그의 아들이 마음 편할 수 있었습니다. 감사합니다." / 10. 5. 마음의 빛: "내 개입이 옳은 일일까? 그런다고 방관해야 하나?"(다시 삼촌과 아들이 싸우고, 삼촌이 마음은 그러지 않으면서 아들보고 자꾸만 집을 나가라고 해서 그걸 어떻게 해야할까 생각했어요.) 활짝이: "왠지 주도권이 바뀌어 가는 것 같지 않아?"(삼촌이

한 은하계에는 한 개의 태양만

뭐라고 하기 전에 제가 먼저 하고, 또 뭐라고 하면 웃어 넘기기도 해요) 감사: "여전히 피로가 풀리지 않습니다. 감사합니다."

* 어머니로부터 심리적 독립을 이룬 내가 나에게 들려주는 메시지:
사람은 각자가 가고 있는 소명 같은 숙명이 있다. 그것은 에너지일 수도 있고 순리라는 것이다. 나를 어머니와 나의 숙명적 순리의 갈림길에 각자의 운명으로 갈라져 나와야 하는 이제야 갈라지게 되었다. 이 우주에 엄마라는 항성이 있다. 그리고 나라는 행성이 있는데 드디어 내가 별이 되는 것이다. 더 이상 어머니라는 항성에 공전할 필요가 없는 거다. 한 은하계는 한 개의 태양만 있어야 하는 거다. 공전하거나 가까이 갈 때 대폭발로 사라지거나 암흑에 블랙홀만이 남는거다. 나는 또 하나 별이다. 그리고 나를 둘러싼 은하계를 만들어 가는 것이다. 이게 운명이며, 각자의 순리인 것이다.

-10월 8일-

2주일 동안의 과제여서 분량이 많았다. 성실하게 잘해온 모습

불안장애를 극복한 호루 이야기

에 칭찬했다. 6일에서 8일까지는 하지 못했냐고 물어보니 너무 피곤해서 못했다고 했다. 나는 그동안 해왔던 과제 중에서 특별히 적지 않아도 기억할 수 있는 것을 물어보았다.

"나만의 새 활짝이, 감사, 마음의 빛 - 가지 보석요."

호루가 진지한 표정으로 이렇게 말했다. 이 3종 세트와 언제나 늘 함께하기를 기원한다고 하니 호루가 고개를 끄덕였다. 그리고 어머니로부터 심리적 독립을 이룬 내가 나에게 들려주는 메시지를 쓴 느낌을 물어보았다.

"평안한데요. 감정적으로 휩쓸리지 않아요. 요새는요. 2주 전부터 그렇습니다. 초조하지 않고 맡겨지는 대로 행하고 있어요."

자신과 어머니를 우주에 있는 행성과 항성에 비유한 호루. 어머니라는 항성 주위를 공전하고 있던 오로지 행성에 불과한 자신이 이제 독립해서 새로운 곳에서 항성이 되었다. 자신을 중심으로 새로운 은하계를 만든 호루. 그것은 혁명이고 개혁이다. 이 엄청난 탄생에 축하의 박수를 보냈다.

마지막 회기로 준비한 심상 시치료는 '솟대' 기법이다. 먼저, 솟대가 있는 사진을 보여주었다.

사진에 대한 느낌을 말해보자고 했다.

"하늘, 구름, 솟대가 보여요. 솟대가 하늘에 떠 있는 것 같아요. '천공의 성 라퓨타'처럼 자의적으로 떠있는 느낌이에요. 여럿이 모여있고 안정되면서 새들이 군무를 이루며 날아가잖아요. 그런 것처럼 안정된 느낌이 들어요."

눈을 감고 열 번 정도 복식호흡을 하면서 온몸을 이완한 뒤 다

불안장애를 극복한 호루 이야기

음의 멘트를 들려주었다.

내 마음의 솟대는 손가락 모양입니다. 이제 이 솟대를 아주 높이 높이 올립니다. … 하늘의 기운이 축복처럼 임합니다. 하늘의 기운이 내 손가락 하나하나를 감싸고 있습니다. 내 손가락에는 '치유의 꿈'이라는 골무가 씌워져 있습니다. 하늘의 기운은 골무를 안전하게 낀 내 손을 감싸주고 있습니다. 하늘의 기운을 충분히 느껴보시기 바랍니다. … 하늘이 내게 말을 걸고 있습니다. 어떤 말을 하는지 들어보시기 바랍니다. 하늘과 나는 자연스럽게 대화를 나눕니다. 어떤 대화가 오가는지 들어보시기 바랍니다. … 이제 대화를 마무리합니다. 작별 인사를 나눕니다. … 이제 세 번을 세면, 이 느낌을 그대로 간직한 채 지금, 이 순간으로 돌아와서 눈을 뜨시면 됩니다. 내 마음의 솟대는 그대로 늘, 항상 그곳에 있습니다. 손가락을 높이 든 채 하늘의 기운을 받고 있습니다. 자, 이제 세 번을 세겠습니다. 하나, 둘, 셋!

눈을 뜬 다음 호루는 체험한 것을 털어놓았다.

"손을 높이 들고 '순리대로 순리대로'라는 하늘의 말이 들려서

한 은하계에는 한 개의 태양만

그대로 따라했어요. 익숙한 음성이고 제 목소리였어요. 그랬는데 가지 보석이 머리로 와서 빛이 머리띠 모양으로 드리웠는데 왕관이 되었어요."

방금 경험한 것을 토대로 내 마음이 들려주는 메시지를 해석해보자고 했다.

"현재처럼 가라는 것 같아요. 평안하게요. 외부적인 감정에 휩쓸리지 않고요. 예를 들면, 삼촌에 대해 객관적으로 보는 것처럼요. 요즘에는 제가 스스로 화가 나는 것을 알아차리게 되면서 내가 왜 화를 내나? 왜 그런 상황이 되었지? 그런 생각을 하곤 해요. 화가 확 올라왔다가도 금세 내려갑니다. 삼촌이 말을 하면 여유 있게 되받아치기도 해요. 예전에는 부정적인 것을 애써서 잡아주려고 했는데 이제는 그냥 웃고 넘겨요."

나는 손톱을 물어뜯는 행동에 대해 요즘은 어떤지 물어보았다. 호루는 한두 번 정도는 스스로도 모르게 손을 입에 갖다대었다고 했다. 단지, 달라진 것은 예전에는 물어뜯는 것을 자신도 모르게 계속했다면, 지금은 그렇게 손톱을 입에 갖다 댄 즉시 알아차리고 멈춘다고 했다. 프로그램을 시작하기 전과 지금의 불안 정도를 스스로 수치로 매겨보자고 했다. 불안이 극심하다면 10이고, 전혀 없다면 0이라고 표현할 수 있다고 했다. 곰곰이 생각하던 호루가 말했다.

불안장애를 극복한 호루 이야기

"프로그램 전은 10이었고요. 지금은 1 혹은 2 정도입니다."

놀랍게도 호루가 스스로 문제라고 여겼던 '불안'이 잠잠해졌다. 그리고 손톱을 물어뜯는 행위도 멈추게 되었다. 12회기 전부를 성실하게 참여한 것을 축하한다며 박수를 보냈다. 전체 참여소감을 물어보았다.

"기억에 남는 것은요. 나는 속박을 싫어한다는 것입니다. 활짝이, 가지, 감사도 기억합니다. 많이 평안해졌어요. 상황과 상관없이 외부 자극은 오지만요. 오히려 외부 자극은 프로그램 전보다 심해졌어요. 지금은 해야 할 과업이 너무나 많거든요. 어제도 화가 날 수 있는 상황이 벌어졌지만 그렇게 화가 나지 않았어요. 급여 계산에서 50만 원이나 차이가 나는 거예요. 그쪽에서 제대로 알려주지 않아서요. 설명을 잘못 해줘서 오히려 계획성이 명확해졌어요. 다음에는 지적장애인을 해봐야겠다는 생각을 했어요. 짧게 하더라도요."

나는 마치기 직전, 종이 인형으로 가족을 다시 세워보자고 했다. 놀랍게도 호루는 어머니 종이 인형을 바꿔도 되는지 물어보았다. 그리고 거대한 거인이었던 어머니 인형을 다른 가족 구성원들과 같은 크기의 인형으로 바꿨다. 가족 구성원이 서로 마주 볼 수 있도록 둥글게 배치했다. 예전처럼 누나를 외따로 먼 곳에 보내지도 않았다. 가족들은 모두 사이좋게 마주하며 손을 잡고 있었다.

255

"평온한 분위기예요. 평안한 표정입니다. 밝게 웃고 있지는 않지만요. 예전에는 고립되었지만, 지금은 소통하는 가족이에요."

무엇이 호루를 바뀌게 했을까? 아버지는 호루가 심상 시치료를 하고 있는 줄도 모른다. 어머니나 누나도 마찬가지다. 호루의 마음은 이제 우주의 에너지와 제대로 연결되었다. 그만의 멋진 은하계를 막 탄생시킨 까닭에 호루는 가지 보석빛 왕관을 쓴 채 부지런히 삶을 꾸릴 것이다.

불안장애를 극복한 호루 이야기

호루가 직접 쓴 심상 시치료 피드백과 프로그램 전과 후에 한 심리 검사 결과는 다음과 같다.

마음의 빛을 찾아서 - 참여소감

호루님의 심상 시치료 '마음의 빛을 찾아서' 프로그램의 목적은 다음과 같습니다.

자신의 내면을 탐색함으로써 살아나갈 수 있는 근원적 힘을 자각하고 이를 체득한다.

본 12회기를 통해 심상 시치료 프로그램이 위 목적과 얼마정도, 몇 퍼센트 부합되었다고 생각하는지, 또 그렇게 생각하는 이유는 무엇인지 솔직하게 적어보시기 바랍니다.

: 90%. 장거리 이동으로 인한 피로와 집중력 부족. 프로그램의 시작에 보였던 안정 상태를 계속 유지하지 못했다는 점 때문에.

본 심상 시치료 프로그램 '마음의 빛을 찾아서'를 통해 얻게 된 점을 적어보시기 바랍니다.

: 편안. 하고 싶었던 일에 대한 목표점이 명료해진 것. 나

자신의 대략적인 성향 분석.

심상 시치료사한테 해줄 말씀을 자유롭게 적어주시기 바랍니다.
: 삶이 평안할 수 있는 법을 알려주셔서 감사합니다.

호루는 '불안발작'이라는 말을 많이 사용했고, 그 경험을 다시 하고 싶지 않다는 말을 몇 번이나 했다. 자신의 목표는 성장하는 것이 아니라 아래로 끌려 내려가지 않게 되는 것이라고도 했다. 호루는 무기력하고 밖을 나갈 수 없을 정도로 불안이 밀려왔던 과거의 경험을 '불안발작'이라고 일컬어왔다. 불안의 바닥으로 갈 것 같은 조바심이 들 때마다 정신과 약을 간헐적으로 복용해오기도 했다. 그렇지만 프로그램 전에 검사한 불안의 정도는 정상 수치였고, 프로그램 이후에는 정상 범위에서도 현격하게 낮은 것을 볼 수 있었다. 심리검사 결과를 다음과 같이 보내주었다.

호루는 프로그램을 마친 석달 뒤 청소년 심리 관련 시설에 정식으로 취직했다. 우수한 성적으로 사이버 대학을 조기 졸업하기도 했다. 스트레스를 잘 조절하면서 활기차게 지내면서 꿈을 향해 나아가고 있으며, 손톱도 무사하다며 최근 근황을 알려왔다.

불안장애를 극복한 호루 이야기

척도 명	프로그램 전	프로그램 후
자기성찰지능 척도	143(상)	154(상)
자가평가우울 척도	44(정상)	34(정상)
자기효능감 척도	104(중)	118(상)
자아존중감 척도	26(중)	37(상)
스트레스 척도	39(중)	20(하)
불안척도	10(정상)	2(정상)

한 은하계에는 한 개의 태양만

나가는 글

마음 여행의 터널을

빠져나오며

이 글은 여행기입니다. 마음을 여행하고 난 독특한 기록들이지요. 마음의 지형은 평탄하지 않고, 여정은 쉽지 않습니다. 바닥을 알 수 없는 구렁텅이나 동굴을 만나게도 되지요. 암흑으로 치닫는 순간에 음습한 불안을 느끼기도 합니다. 그렇더라도 여행을 멈추지 않다 보면, 깨닫게 됩니다. 어둠을 피하지 않고 곧장 걸어가다 보면 빛을 만날 수 있다는 사실을요. 그러니, 어둠의 정체는 동굴이 아니라 터널입니다. 어떤 지점에서 시작해서 다른 곳으로 넘어갈 수 있는 터널 말입니다. 터널을 통과하는 것은 결국 성장이라는 사실도 깨닫게 됩니다. 그것은 어둠 안으로 들어가서야 비로소 경험할 수 있는 일입니다.

처음 가보는 길들이 그렇듯 신기하고 두렵기도 하지요. '마음 여행'도 그렇습니다. 마음 안으로 들어간다니 어쩐지 썩 내키지 않기도 하지요. 그렇지만 고생하면서 올라간 곳에는 놀랄만한 장관

마음 여행의 터널을 빠져나오며

이 펼쳐져 있기도 합니다. 훌륭한 풍광들이 그렇듯이 신의 놀라운 작품을 마주하게 되지요. 모든 것에 신의 숨결이 스며들어 있다는 것을 알아차리게 됩니다.

여행은 험난한 산맥과 깊은 호수, 거침없이 흐르는 계곡물과 엄격한 바위를 만나기도 합니다. 가파르고 좁은 길과 질척이는 진흙탕과 뾰족한 돌멩이가 지천인 길을 넘어가야만 하지요. 그러다가 마침내 마주한 터널 안으로 걸음을 옮깁니다. 가득 찬 어둠 안이지만, 걸어 나갈 용기를 낸 것은 우연이 아닙니다. 이 여행기를 펼쳐 든 당신처럼요. 만나기 이전부터 이미 만난 당신과 저처럼요. 그렇게 터널 마지막에 이르면, 점차 퍼지는 빛 안으로 들어서게 됩니다. 그러니, 이 마음 여행의 목적지는 '빛'인 셈입니다.

인간의 마음에는 '빛'이 존재합니다. 인간의 속명 '호모'에 빛이라는 라틴어를 붙이면 '호모룩스Homo lux'라고 합니다. 이 특별한 여행을 함께 할 수 있어서 기쁩니다. '호모 룩스'의 아우라를 만나러 오신 당신의 손을 가만히 잡아 드립니다.

마음 여행은 사실 설렘보다 두려움이 컸습니다. 내 마음을 도무지 나도 종잡을 수가 없을 때가 많았기 때문입니다. 마음 안에 도대체 뭐가 있을지 몰라서 바깥에만 시선을 돌리곤 했습니다. 이유를 밖에서 찾자니 안으로는 셀 수 없이 많은 불평과 불만이 쌓

불안장애를 극복한 호루 이야기

여만 갔습니다. 세상은 비틀어지고 냉혹하고 모순투성이였지요. 마음 따위는 팽개치고 해야 하는 일에만 집중하기도 했습니다. 때로는 하던 일도 무의미해져서 포기하고 싶기도 했습니다. 그러니 마음 여행은 엄두도 낼 수 없는 여행이었습니다.

그렇게 엉망진창으로 살았던 내게 마음 여행 티켓이 주어졌습니다. 욕심만 가득 찬 내 손에 도대체 누가 놓아두었을까요? 티켓은 유통기한이 분명했습니다. 내가 숨 쉬고 있는 동안이었습니다. 그때가 언제까지인지는 모르겠지만 말입니다. 유통기한이 아직 남아있던 어느 날, 용기를 내어 마음 여행을 떠났습니다. 생각한 것보다 더 끔찍했고 더 아팠지만, 찬란했습니다. 터널을 마주할 때는 걸음이 얼어붙어서 앞으로 더 나아갈 수도 없었지요. 어둠은 나를 옥죄고 걸음을 멈추라고 명령을 내리는 듯했지만, 그것은 사실이 아니었습니다. 내가 어둠에 짓눌러서 어둠한테 복종하며 타협하려고 든 것이었지요. 그것을 알아차린 순간부터 걸음에 가속이 붙기 시작했습니다. 절대 걷힐 것 같지 않던 암흑이 서서히 옅어졌습니다. 그것은 터널 끝에서 매달려있던 빛 때문이었습니다. 빛은 어둠을 콕 찌르는 바늘만 하다가 점점 커지고 있었습니다. 걸어갈수록 빛은 바늘에서 방망이, 접시, 공, 달 모양으로 변해갔습니다. 암흑이 입을 막으며 뒷걸음질 치고, 빛은 마침내 '문'이 되어서 맞이해 주었습니다. 그것은 놀랍게도 새로 태어난 순간이기도 했습니다.

마음 여행의 터널을 빠져나오며

아름답고 고귀한 순간이었지요. 지금, 이렇게 '마음의 빛 여행기'를 손에 들고 함께 온 당신도 이 문을 통과하고 있습니다.

터널을 통과한 이 독특한 여행담은 끝이 아닙니다. 주어진 삶 만큼, 성장을 응원하는 기운을 담고 터널들이 존재합니다. 하나의 터널을 통과할 때마다 장중하고 고귀한 선율로 연주하는, 들리지 않는 하늘의 오케스트라를 만나게 됩니다. 여기, 빛의 문어귀에 이르러 울려 퍼지는 축복의 화음에 발을 맞춰서 우리 함께 행진해 볼까요?

불안장애를 극복한 호루 이야기

*** 심상 시치료: 심상 시치료Simsang-Poetry-Therapy는 통합 예술 · 문화 치유로 감성과 감수성의 힘으로 마음의 회복과 성장, 성찰과 통찰을 함으로써 궁극적으로 영혼을 치유하는 것을 목적으로 하며, 2011년부터 학계에서 공식 인정을 받았으며, 계속 발전하고 성장하는 정신·심리치료이다.

*** 프로그램 기법: 프로그램 기법은 우리 문화·예술을 활용한 심상 시치료로 2021년 오도스 출판사에서 출간한 《치유의 빛 ― 우리 문화 예술 속에 담긴》 책에 나와 있는 기법으로 진행하였다.

*** 내담자한테 사용한 심리검사에 대하여: 스트레스는 인간이 적응하기 어려운 환경에 처할 때 느끼는 심리적, 신체적 긴장 상태를 말하며 지각된 스트레스 척도를 한국 실정에 맞게 번안한 박준호, 서영석의 도구를 사용

하였다. 준Zung의 자기 평가 우울척도는 가장 널리 사용되는 성인 우울증의 검진 척도로 우울의 증상을 심리적 및 생리적인 우울로 구분한 대표적인 척도이며, 준Zung의 척도를 토대로 개발한 한국형 자가평가 우울척도를 사용하였다. 불안 척도는 불안의 인지, 정서, 신체적 영역을 측정하면서 우울로부터 구별하기 위한 척도로 벡Beck이 개발하고 권석만이 번안한 척도를 사용하였다. 자기 효능척도는 자신의 능력을 스스로 믿는 정도를 나타낸 것으로 김아영, 차정은의 것을 김아영이 수정한 일반적 자기효능감 척도를 사용하였다. 자아존중척도는 개인이 스스로 지각하는 자기 자신에 대한 평가의 정도와 자기수용 정도를 측정하는 도구로 로젠버그가 개발하고 전병재가 번안한 척도를 사용하였다. 자기성찰 지능은 안체윤, 오미경의 성인용 자기성찰 지능 척도를 사용하였다. 이는 자기 자신의 정서와 능력에 대해 이해하고 조절하며 미래를 설계하는 능력으로 모든 지능의 작용에서 기본이 되고 다른 지능들을 활성화하는 동인으로써 개인의 자아실현을 위해 매우 중요한 지능을 의미한다.